La *Vida* que DIOS BENDICE

El secreto de gozar el favor de Dios

La Vida que DIOS BENDICE

El secreto de gozar el favor de Dios

JIM CYMBALA

Pastor del Tabernáculo de Brooklyn
con Stephen Sorenson

La vida que Dios bendice
© 2003 Editorial Vida
Miami, Florida

Publicado en inglés bajo el título:
The Life God Blesses
© 2001 por Jim Cymbala

Traducción: *Gisela Sawin*

Edición: *Mabel Cardec*

Diseño interior: *Luis Bravo / Bravo Graphic Designs*

Diseño de cubierta: *O'Design*

ISBN: 0-8297-3616-6

Categoría: Vida Cristiana / Crecimiento Personal

Impreso en Colombia
Printed in Colombia

03 04 05 06 07 08 ❖ 08 07 06 05 04 03 02 01

CONTENIDO

LA BÚSQUEDA

A través de la historia, la humanidad, de una u otra forma, ha estado en la búsqueda de conocimiento, de nuevas tierras, de libertad religiosa y persecución política, y de recursos valiosos como el oro, diamantes y el petróleo. La gente ha buscado nuevos placeres, la pareja perfecta y la paz en el medio de las luchas y matanzas. También ha habido una antiquísima búsqueda de paz interior para comprender la razón real de nuestra existencia.

Más allá de estas indagaciones se desprende una de las más grandes búsquedas: la de conocer y experimentar a Dios. Dentro del corazón humano hay un innegable instinto espiritual de comulgar con su Creador. Podemos negarlo, ignorarlo o enterrar este instinto bajo una avalancha de cosas materiales, pero el hecho de que hemos sido creados para gozar de Dios y para adorarle está grabado en nuestras almas.

Innumerables personas han registrado su búsqueda del Todopoderoso. Abundan los testimonios de cambios de vida gracias a un encuentro con Dios, que envió su Hijo al mundo para que los hombres y mujeres «tengan vida, y la tengan en abundancia» (Juan 10:10). Pero así como es interesante la búsqueda de Dios por el hombre, apenas apunta a una búsqueda mucho más importante que quisiera que consideremos en este libro.

Esta búsqueda fue revelada hace mucho cuando Dios envió un profeta con un mensaje para el rey Asa en Jerusalén. Aunque el Señor estaba corrigiendo a Asa por su falta de fe y devoción, la palabra profética contenía una declaración en la que ¡Dios mismo estaba involucrado en una singular búsqueda! Describiendo el amor y el deseo de Dios de bendecir a su pueblo, el profeta declaró una verdad que es asombrosa en sus implicaciones: «El Señor recorre con su mirada toda la tierra, y está listo para ayudar a quienes le son fieles» (2 Crónicas 16:9). Como Dios es inmutable, lo que era verdad durante los días del rey Asa aplica para nosotros en el siglo veintiuno.

Dios está en una búsqueda. Pero no está buscando cosas tales como conocimiento o piedras preciosas, después de todo, él sabe todas las cosas y posee al mundo y todo lo que en él hay. Aunque rara vez pensamos o escuchamos predicar acerca de esto, el Creador de todas las cosas está buscando a través de todo el mundo una cierta clase de corazón. Está buscando un corazón humano que le permita mostrar cuán maravillosamente él puede fortalecer, ayudar y bendecir la vida de alguien.

Notemos que Dios no está buscando a alguien con un coeficiente intelectual elevado o con múltiples talentos. Ni está buscando al predicador brillante o la persona de influencia. Él reveló dónde estaba realmente su interés cuando envió al profeta Samuel para ungir al futuro rey de Israel. Dios dijo: «No te dejes impresionar por su apariencia ni por su estatura, pues yo lo he rechazado. La gente se fija en las apariencias, pero yo *me fijo en el corazón*» (1 Samuel 16:7).

Lo que hacía especial a David era su corazón y ese principio nunca ha cambiado. Todos los grandes hombres y mujeres de las Escrituras tenían *grandes corazones* que permitían a la gracia de Dios fluir a través de ellos y traer bendiciones a otros. Esta verdad fue bien comprendida por David, el joven al que Dios había elevado al trono. Antes de morir, David le encargó a su hijo Salomón que reconociera a Dios y que le sirviera de corazón: «Y tú, Salomón, hijo mío, reconoce al Dios de tu padre, y sírvele *de todo corazón* y con buena disposición, pues *el Señor escudriña todo corazón* y discierne todo pensamiento» (1 Crónicas 28:9). Lo que determina la magnitud de su bendición es el comportamiento exterior y lo que el Señor ve detrás de la fachada. Por eso el rey David quería que su hijo tuviera mucho cuidado con su corazón.

En el Nuevo Testamento leemos cómo Jesús miró más allá de la religión exterior y afirmó la importancia de un corazón «recto» al condenar la hipocresía de los fariseos: «Ustedes se hacen los buenos ante la gente, pero *Dios conoce sus corazones*» (Lucas 16:15). Jesús siempre miró al corazón, y allí encontró a la verdadera persona.

El cristianismo es necesariamente una religión del corazón porque solo del corazón «mana la vida» (Proverbios 4:23). Dios llama a las personas para que se vuelvan a él con *todo su corazón.* La salvación se recibe cuando creemos en *nuestro corazón* que Dios levantó a Jesús de entre los muertos (Romanos 10:9). Cuando las Escrituras nos mandan a orar, pide que lo hagamos *derramando nuestros corazones* al Señor (Salmos 62:8). Los predicadores modernos han

puesto un énfasis abrumador sobre las obras y las formas externas de adoración, pero un verdadero avivamiento espiritual siempre comienza en el corazón.

Notemos la clase de corazón por la que Dios es movido mientras vemos las palabras de Samuel al Rey Saúl: «El Señor ya está buscando un hombre más a su agrado, pues tú no has cumplido su mandato» (1 Samuel 13:14). La búsqueda de un rey por parte de Dios terminó cuando encontró a un oculto David y su corazón tan especial. Pero ¿qué significa tener un corazón especial, «un corazón conforme a Dios»?

Este es un tema muy importante que debemos considerar porque habla de quiénes somos realmente y hasta dónde Dios puede usarnos para su gloria. Un corazón fuera de sintonía, sin sincronizar con el corazón de Dios, producirá una vida de esterilidad espiritual y de oportunidades perdidas. Pero mientras pedimos que el Señor haga armonizar y someter nuestro corazón al suyo, encontraremos el secreto de sus bendiciones, que han permanecido igual a lo largo de todas las generaciones.

UNO

EL HOMBRE
QUE NO QUERÍA
ESCUCHAR

En un culto de domingo por la noche que nunca voy a olvidar comenzaron una serie de sucesos difíciles de imaginar.

Estábamos preparados para servir la Santa Cena a la congregación, mientras yo esperaba para predicar la Palabra de Dios. A la vez, una joven pareja, cantores evangélicos de Nashville, estaban preparados para cantar esa noche. Pero todo esto no llegó a suceder. Mientras cantábamos alabanzas al Señor, comenzó un largo fluir de libre adoración. Mientras las personas derramaban su adoración a Dios, un sentir de su presencia asombroso llenó el auditorio. Todos estábamos atónitos mientras ríos de alabanza más y más profundas subían de nuestro corazón al Señor. El tiempo parecía haber desaparecido mientras nos perdíamos en la presencia de Dios. Parecía que nada importaba excepto «el Cordero que está en el trono» (Apocalipsis 7:17), el que es digno de ser adorado por siempre. Parecía como si ola tras ola de la gloria de Dios se derramara sobre nosotros mientras nos parábamos, sentábamos y arrodillábamos delante de él.

Mientras miraba a la congregación desde la plataforma me di cuenta de que Dios estaba haciendo una obra especial entre nosotros por medio del Espíritu Santo. Una especie de cirugía divina se estaba produciendo al mezclarse con la adoración peticiones e intercesiones. La convicción de pecado era muy fuerte, lo que suele suceder cuando el Espíritu Santo manifiesta su santa presencia entre su pueblo. Parar o impedir lo que estaba sucediendo me parecía como una terrible aflicción al Espíritu, por lo que nunca pedí la ofrenda esa noche. Las deudas podían esperar. No podía interrumpir la manera maravillosa en la que el Señor estaba obrando en las vidas de su pueblo. El culto terminó varias horas después, las personas aún permanecían arrodilladas o sentadas en silencio delante del Señor cuando finalmente dejé el auditorio.

Carol y yo llegamos tarde a nuestro hogar. Después de un largo día de ministración estábamos físicamente agotados pero nuestro corazón aún guardaba el calor del resplandor del tiempo con el Señor. Al salir del baño, Carol ya estaba en la cama y había encendido el televisor. Solíamos mirar en la televisión a uno de los más famosos evangelistas de América los domingos por la noche. Usualmente el programa era una grabación de sus cruzadas, y esa noche no era la excepción. El evangelista ya estaba predicando uno de sus sermones cuando comencé a mirarlo desde la puerta del baño.

Durante los meses previos habíamos sido entristecidos por la creciente agudeza y dureza del espíritu de este predicador. En lugar de manejar con cuidado y humildad la Palabra de Dios, sus predicaciones estaban dominadas por la ampulosidad y las denuncias de pecadores. Pero no estábamos preparados para lo que iba a decir esa noche.

Mientras discutía acerca de los males sociales que contaminaban a América hizo referencia al caso de un niño que fue abusado sexualmente, lo cual había sido muy difundido en las noticias recientemente. «Les diré qué se debe hacer con una persona como esa», rugió mientras caminaba hacia atrás y hacia el frente en el escenario. «Si me dejaran, lo pondría en el paredón y le vaciaría una carga completa de pistola en su pecho». De repente la multitud estalló. La gente se puso de pie y aplaudió en forma estruendosa gritando: «Amén».

Mi esposa exclamó: «¡Ay Dios, ayúdanos!». Yo quedé aturdido, congelado donde me encontraba parado. El impacto espiritual del comentario del evangelista había tocado fondo. Nuestro corazón estaba susceptible por las horas que habíamos pasado en la presencia de Dios, que no es otra cosa más que *amor*. ¡Ahora estábamos contemplando a más de cincuenta mil cristianos entusiasmados por el fusilamiento de otro ser humano a quien Dios había creado! *«No importa cuán malo haya sido el pecado de este hombre»*, pensé, *«no es eso de lo que se trata la persona de Jesús»*. Asistí a todo tipo de servicios en mi vida, pero nunca había experimentado algo como esto. La idea de que el púlpito y la congregación fueran pervertidas de esta manera me sacó el aliento. El enojo, rencor y venganza en el escenario delante de nosotros eran mundos aparte del Espíritu de Jesús que oraba por aquellos que le estaban crucificando.

Lo que recuerdo después de esto es la imagen de Carol llorando y diciendo: «Por favor Jim apágalo. No puedo mirar más». Hice lo que me pidió mientras sentía mis lágrimas. *¿Es esto lo que necesitan escuchar los televidentes en América?*, pensé. *¿Con todos los problemas a nuestro alrededor,*

*como pueden ser estas las buenas nuevas que Jesús
nos mandó a llevar?*

—Alguien debe hablar con él antes de que
sea demasiado tarde Jim —dijo abruptamente
Carol mientras apagaba las luces—. Algo está
realmente mal en su espíritu, y lastimará la causa
del evangelio antes que todo termine.

—Lo sé —dije—. Tenía el mismo presagio
que mi esposa, pero parecía que era poco lo que
podía hacer.

—¿Podrías hablar con tu amigo que lo
conoce bastante bien? —me preguntó Carol—.
Él podría aconsejarle y advertirle antes que sea
demasiado tarde.

Esa noche me acosté orando para que de
alguna manera Dios pudiera detener a este
hermano en Cristo de seguir en lo que parecía
un camino que lo llevaría a la autodestrucción.
Carol y yo hablamos sobre este episodio durante
toda la semana, pero no sentía que estuviera bien
acercarme a mi amigo para pedirle que inter-
viniera con alguien de renombre mundial con
quien nunca siquiera me había encontrado.

Ocho días después, Carol y yo volvimos a
hablar acerca del teleevangelista. ¿Había algo que
podíamos hacer por él, algo que Dios quisiera
que hiciéramos? De repente sentí una extraña
urgencia por llamar a mi amigo. Tenía un

ministerio nacional y había predicado varias veces en la escuela del teleevangelista. Rápidamente tome el teléfono y lo llamé. Luego de saludarnos comencé a explicar un poco nervioso el motivo de mi llamada. «No sé cómo decir esto, hermano, y te aseguro que no deseo aprovecharme de nuestra amistad, pero Carol y yo estamos preocupados acerca de un asunto».

Sin demora resumí el culto tan especial del domingo en la noche y el dolor espiritual que sentimos cuando escuchamos los comentarios del teleevangelista. Le conté a mi amigo cuán profundamente nos había afectado y que no podíamos dejarlo pasar, pero el teléfono del otro lado parecía muerto mientras yo le explicaba.

—¿Estás todavía ahí, hermano? —pregunté.

Luego de una breve pausa, lenta y emocionadamente respondió:

—Continúa, Jim.

—Bueno, en realidad ese es el asunto. Sabemos que lo conoces bastante bien, y tal vez Dios podría usarte. Alguien debe hacer algo, o pensamos que él va hacia la autodestrucción. ¿Entiendes lo que quiero decir?

De nuevo hubo un extraño silencio. Yo podía escuchar claramente un silencioso llanto del otro lado de la línea.

—Debo haber llamado en un mal momento. No debería siquiera molestarte con temas como este —agregué nervioso.

—Jim estoy contento de que me hayas llamado —dijo mi amigo—. Dios desea que hablemos ahora mismo.

Entonces me contó que hacía unos diez días había ido a visitar junto con su esposa la escuela del teleevangelista. Mi amigo había ido a predicar y se alarmó por lo que vio y discernió. Las reglas y la presión financiera eran tan abrumadoras, y la agenda de la emisora de radio y las cruzadas tan demandantes que el teleevangelista no tenía tiempo para las prioridades espirituales. Mi amigo vio cómo se estaba volviendo espiritualmente superficial. El estudio cuidadoso de la Biblia, el tiempo a solas con el Señor, el tiempo a solas con su mujer, todas estas cosas esenciales habían sido sobrepasadas por un imperio monstruoso que demandaba todo su tiempo y energía. Mi amigo volvió a su casa con un corazón quebrantado y señales alarmantes sonando en su interior.

Pero eso no era todo. Unas noches antes mientras oraba, mi amigo sintió el Espíritu de Dios sobre él. El Señor parecía darle una palabra profética de advertencia para el teleevangelista. Con temor y temblor de Dios le escribió una carta. El centro de la carta era: «Ciérralo. Dios quiere que lo cierres todo no importa el costo que tenga. Vuelve a la oración, a la Palabra, a tu familia, vuelve a Dios. No te preocupes por el supuesto costo de cerrar todo, porque el costo será mayor si no vuelves a tus raíces espirituales de comunión con Dios».

Mi amigo me contó que preparó la carta para ser despachada pero le dijo a su secretaria que no la enviara hasta que él lo ordenara. Él quería estar seguro de que el Espíritu de Dios lo estaba guiando porque sabía que la carta le podía costar su amistad con él. Mientras mi amigo oraba esa noche en su oficina, le pidió a Dios que le diera una señal, alguna confirmación para enviar esa carta de advertencia por parte del Señor. Fue en ese momento que el teléfono sonó. ¡Allí estaba yo del otro lado, hablando del mismo tema!

La carta fue enviada al día siguiente pero la respuesta no fue alentadora. A mi amigo se le dijo que su discernimiento y «Palabra del Señor» estaban fuera de lugar. El teleevangelista no podía pensar en «cerrar todo» porque se arriesgaba demasiado, demasiadas ciudades y países para alcanzar, muchos contratos de televisión firmados, muchas cruzadas planeadas, mucho dinero entrando diariamente. ¡Cómo pensar que Dios podía decir algo tan radical como «ciérralo todo»!

El teleevangelista nunca escuchó a nuestro común amigo a quien Dios usó para advertirle de los peligros que venían. Pronto llegó el día en que probablemente deseó haber escuchado, deseó haber cerrado todo antes. Pero ya era demasiado tarde. Para entonces su nombre y figura eran conocidas en todo el mundo como símbolo de vergüenza y escándalo. El cáncer espiritual que había crecido por tanto tiempo finalmente había cobrado su víctima. Todas las lágrimas y disculpas públicas llegaron muy tarde para frenar su vida antes de quedar sin control. Al final, *todo* se cerró, el imperio, el ministerio de televisión internacional, las cruzadas masivas. Se convirtió en una de las historias religiosas más tristes del siglo veinte.

Era mucho más joven entonces cuando veía como esta historia se desenvolvía delante de mí. Sabía de por lo menos un esfuerzo escondido de Dios por salvar al teleevangelista antes de su desagradable caída. Dios *es* fiel, y Dios *es* amor. El problema era que Dios estaba hablando y nadie estaba escuchando.

*El problema era que Dios estaba hablando
y nadie estaba escuchando.*

Desde el principio hasta el final la Palabra de
Dios enfatiza la necesidad de escuchar. Todos
cometemos errores, fallamos al hacer la voluntad
de Dios, y nos rebelamos contra sus mandamientos. Pero cuando rehusamos escuchar su voz
que nos corrige y dirige, las cosas pueden rápidamente convertirse en un gran lío.

Recuerdo cuán verdadero era esto en los
lugares de recreo de Brooklyn donde jugaba
cuando era niño. El baloncesto era lo mío; había
dedicado mi vida al baloncesto. Cuando comencé a jugar en el equipo universitario del
Colegio Erasmus Hall, una escuela con una gran
tradición en baloncesto, me di cuenta de algo
inmediatamente. Los muchachos que yo conocía
del parque podían jugar muy bien, pero nunca
lograban formar un equipo, lo que significaba
que recibir una beca atlética del colegio estaba
fuera de toda lógica. La mayoría de estos tipos
talentosos tenían un gran problema: no escu-
chaban. Ningún entrenador iba a cambiarles algo
de su juego. ¡No señor!, nadie les podía decir

cómo defender mejor, lanzar con mayor exactitud, o tomar rebotes más rápido. No podían ser dirigidos. No iban a escuchar. Por lo tanto, todos los talentos y habilidades que Dios les había dado no servían para nada.

Todo instructor conoce el dilema de tener un estudiante que no obedece. Todo padre conoce el dolor de tener un pródigo que debe tomar su propio camino. Donde vemos fracasos, oportunidades desperdiciadas y corazones dolidos, este defecto fatal invariablemente está presente.

EL REY QUE COMENZÓ BIEN

No siempre es fácil escuchar. El rey Amasías es uno de esas ilustraciones de Dios para esta clase de problemas. Él es el hombre que no quería escuchar. Lo raro es que Amasías *había* escuchado al principio. Él escuchó con atención y obediencia a la Palabra del Señor cuando comenzó a reinar sobre Judá.

> «Amasías tenía veinticinco años cuando ascendió al trono, y reinó en Jerusalén, veintinueve años ... hizo lo que agrada al Señor, aunque no de todo corazón. Después de afianzarse en el poder, Amasías mató a los ministros que habían

asesinado a su padre el rey. Sin embargo, según lo que ordenó el Señor, no mató a los hijos de los asesinos, pues está escrito en el libro de la ley de Moisés: "A los padres no se les dará muerte por la culpa de sus hijos, ni a los hijos se les dará muerte por la culpa de sus padres, sino que cada uno morirá por su propio pecado"» (2 Crónicas 25:1-4).

Luego de establecerse en el trono, Amasías tenía que terminar unos asuntos inconclusos. Su padre el rey Joás había sido asesinado y era responsabilidad de Amasías castigar a los culpables del crimen. Aun ahora que Amasías tenía poder no se entregó al irrefrenable deseo de venganza ejecutando a los asesinos y sus familias. (Esta era una práctica común durante los tormentosos días en los que el poder de la realeza infligía destrozos entre los pueblos del mundo.) En su lugar, el rey Amasías siguió los mandamientos de Dios de Deuteronomio 24:16. Estos mandamientos limitaban el castigo a los culpables y no a los hijos inocentes, sin importar cuán grave fuera el crimen. Amasías prestó atención a la Palabra del Señor.

Otro desafío también esperaba al rey. Después de organizar y agrandar su armada para

una gran campaña contra los edomitas, Amasías
«por la suma de tres mil trescientos kilos de plata
contrató a cien mil guerreros valientes de Israel»
(2 Crónicas 25:6). Él creía que trescientos mil
soldados de Judá sólo podrían ser robustecidos
agregándoles cien mil mercenarios del reino del
norte de Israel. Todos saben que en la guerra
cuantos más, mejor, ¿no es así? Bueno, Amasías
descubrió que la matemática de Dios era
diferente de la de él.

Un hombre de Dios vino a él y valientemente
dijo: «No permita que el ejército de Israel vaya
con usted, porque el Señor no está con esos
efraimitas» (2 Crónicas 25:7). Las diez tribus
norteñas de Israel se habían entregado a la
idolatría, y la ira de Jehová estaba sobre ellos. Por
esta causa se le prohibió a Amasías contratar sus
fuerzas. Si las usaba se le dijo que: «Dios lo de-
rribará en la cara misma de sus enemigos aunque
luche valerosamente, porque Dios tiene poder
para ayudar o para derribar» (2 Crónicas 25:8).
En otras palabras, ¡más es menos si Dios no
bendice!

Pienso que Amasías seguía preocupado por
las casi cuatro toneladas de plata que des-
perdiciaría si echaba a las tropas israelitas. «¿Qué
va a pasar con los tres mil trescientos kilos de
plata que pagué al ejército de Israel?», preguntó.

El profeta respondió: «El Señor puede darle a usted mucho más que eso» (2 Crónicas 25:9). Entonces el rey obedientemente despidió a los mercenarios. Luego guió a su ejército menor, el que tenía la bendición de Dios, al Valle de la Sal e hizo huir a los edomitas.

¡Qué gozo había esa noche entre las tropas de Judá al celebrar la impresionante victoria! Qué hermosa lección nos enseña Amasías cuando le vemos obedecer no solo los mandamientos de la Ley de Dios sino también la voz profética del Espíritu de Dios. La obediencia del rey a la guía de Dios en una situación específica, aun a costa de una gran pérdida monetaria, es un gran ejemplo para que nosotros sigamos. Mientras el rey escuchaba y obedecía, Dios era fiel cumpliendo sus promesas de victoria y bendición.

¿ES INCREÍBLE O NO?

Pero algo ciertamente raro le sucedió al rey Amasías mientras concluía su campaña contra los edomitas. Su atención se volvió a la adoración de los ídolos del enemigo que había derrotado. Lo que hizo parece increíble para ser cierto: «Cuando Amasías regresó de derrotar a los edomitas, se llevó consigo los dioses de los habitantes de Seir y los adoptó como sus dioses, adorándolos y quemándoles incienso. Por eso el Señor se encendió en ira contra Amasías» (2 Crónicas 25:14-15).

¿Cómo le pudo suceder esto a un hombre que estaba tan bendecido por Dios? La Ley de Dios prohibía claramente inclinarse ante los ídolos abominables. El Señor repetidamente mandó a su pueblo a no tener otros dioses delante de él (Éxodo 20:3; Deuteronomio 5:7). ¡Este era el fundamento de las normas religiosas entre los israelitas! Sin embargo, de alguna manera una fascinación enfermiza de Amasías por los ídolos edomitas cerró sus oídos a la Palabra de Dios. Puede que fuera su hasta ahora exitoso reinado. Puede que fuera su gran victoria sobre los edomitas. No sabemos por qué, pero por alguna razón el rey de Judá dejó de considerar sus acciones contra los preceptos de la Palabra de Dios.

Las cosas fueron de mal en peor, que es lo que sucede habitualmente cuando la gente le da la espalda a Dios.

Las cosas fueron de mal en peor, que es lo que sucede habitualmente cuando la gente le da la espalda a Dios. Mientras Amasías quemaba incienso a los ídolos abominables, la ira de Dios se encendía contra el audaz pecado del rey. Un profeta del Señor inmediatamente confrontó a Amasías con una lógica pregunta desde el trono de Dios: «¿Por qué sigues a unos dioses que no pudieron librar de tus manos a su propio pueblo?» (2 Crónicas 25:15). En otras palabras, Dios dijo: «¡Despierta Amasías! Estos no son solo ídolos sordos, son «dioses perdedores» que no hicieron nada por los edomitas a los que yo te ayudé a derrotar». Es increíble como la desobediencia del pecado nos ciega ante la verdad, aun cuando salta a la vista en nuestra propia cara.

Amasías incrementó su obstinación rechazando un mensaje profético que fue enviado para salvarle de sus desvíos. Aún estaba hablando el profeta cuando el rey le dijo: «¿Y quién te ha nombrado consejero del rey? Si no quieres que te maten, ¡no sigas fastidiándome!» (2 Crónicas 25:16). El hombre que una vez cuando niño escuchara la voz de Dios ahora interrumpía con arrogancia el mensaje del profeta y lo amenazaba de muerte si seguía adelante. Antes de retirarse el anónimo profeta dijo algo que pido al Espíritu Santo que nos ayude a recordar: «Sólo sé que, por haber hecho esto y por no seguir mi consejo, Dios ha resuelto destruirte» (2 Crónicas 25:16).

Ese fue el solemne veredicto. Una vez que Amasías cerró sus oídos a la voz de Dios, nada ni en el cielo ni en la tierra podían ayudarle. Fue condenado porque no quería escuchar.

Amasías atacó de una manera torpe y súbitamente el reino de Israel. Pero la bendición de Dios no estaba ya con él, por lo que su ejército fue derrotado. El enemigo victorioso de Amasías tiró abajo casi seiscientos pies de la muralla de Jerusalén, capturó oro, plata y utensilios sagrados del templo y robó los tesoros del palacio. Rehenes fueron tomados del pueblo. Al final, la nación de Judá estaba quebrada, el templo violado, e innumerables familias lloraban las pérdidas de maridos y padres que no iban a volver a ver. Este fue el triste legado del rey que no estaba dispuesto a escuchar.

UNA GRAN TRAGEDIA

La verdad es que no importa cuán profundo sea nuestro pecado, no importa cuánto hayamos caído, hay esperanza si tan solo escuchamos lo que Dios está diciendo. Cuando estamos tan llenos de nosotros mismos y tan ocupados para detenernos y escuchar, es ahí cuando cortamos nuestra comunicación con el verdadero Amigo que puede ayudarnos. Nuestra superficialidad y nuestro egocentrismo nos vuelve sordos a palabras que nos traerían salud y vida espiritual. Aun cuando Dios envía a miembros de la familia y amigos para advertirnos y corregirnos, nuestro orgullo nos hace incapaces de recibir ayuda. «¿Creí que eras mi amigo, cómo pudiste decir eso?» Es nuestra inmadura reacción que muestra que no comprendemos lo que Dios está tratando de hacer.

Cuando estaba preparando este mensaje sobre el rey Amasías para un sermón dominical, pasé varios días orando y meditando en la mejor manera de predicarlo. Entre otras cosas le pedí al Señor que me diera una ilustración impactante sobre este horrible pecado de no escucharle. No puedo decir que estaba listo para, o contento con, la respuesta que me dio.

Bárbara era apenas una niña cuando la conocí. Era la hija de una hermosa pareja que el Señor envió a nuestra iglesia en los primeros tiempos del ministerio. Su padre había sido un alcohólico transformado poderosamente por Cristo en un fiel y consagrado siervo de Dios. Compartimos muchas comidas juntos. Mientras disfrutábamos de arroz, habichuelas y otros platos puertorriqueños, Bárbara jugaba en otro cuarto con nuestra hija, Chrissy, que era casi de la misma edad.

Los años pasaron, los padres de Bárbara decidieron mudarse a Pensilvania y luego volvieron a Puerto Rico. Pero los problemas con Bárbara perturbaban lo que pudiera haber sido una vida tranquila.

Bárbara mostró de adolescente un desagradable destello de rebeldía que con el paso del tiempo se agravó. Se volvió tan centrada en sí misma, en sus opiniones, y tan determinada en hacer lo que quería que apenas se parecía a la dulce niña que vimos crecer. No iba a escuchar a nadie que le ofreciera corrección o consejo. Se enfrentó a su familia, sus líderes juveniles y a cualquiera que se pusiera en su camino. Recuerdo un breve encuentro que tuve con ella. Quedé pasmado por la dureza de su corazón. Era seguro que Bárbara creía tener *todas* las respuestas.

Después que sus padres se establecieran en Puerto Rico, Bárbara se fue a vivir con un hombre con el que tuvo un par de niños. La relación se terminó y ella se mudó a otra zona de la ciudad de Nueva York. Tenía 31 años y ya había bajado su defensiva... hasta que llegó la semana en que estaba preparando mi sermón sobre el rey Amasías.

A mitad de semana, uno de los pastores asociados había dejado en mi escritorio dos artículos de los periódicos. Uno era del *New York Post* y otro del *Daily News*. No eran dos líneas de una noticia sino artículos completos sobre un horrible crimen. La foto de Bárbara estaba en el medio de todo ese lío. Se había mudado con un joven de diecinueve años que obviamente tenía serios problemas. El periódico informaba que su hija de tres años y medio había sido hallada muerta en el escuálido departamento que la pareja compartía. El joven estaba bajo arresto sin fianza, y Bárbara había sido encerrada en *Rikers Island*, una prisión temible en donde uno no quisiera pasar ni una noche.

De manera que mientras el domingo yo predicaba el mensaje «El hombre que no quería oír», una mujer quebrantada, aterrorizada, lloraba en su solitaria celda de *Rikers Island*. Pero en medio de esta pesadilla de pecado y tinieblas espirituales vino un rayo de luz. Bárbara empezó a escuchar, a recordar verdades acerca de Jesús que le habían enseñado años atrás.

Bárbara fue liberada bajo fianza después de su arresto y rápidamente vino al Tabernáculo de Brooklyn. Durante la reunión de oración de los martes por la noche la congregación entera oró por ella mientras clamaba a Dios por misericordia y perdón. Fue un momento muy emotivo cuando le escuchamos orar: «Jesús, por favor

perdóname. ¡Ayúdame! Dame una nueva oportunidad».

Más tarde Bárbara me contó que todo se
volvió más amargo en su vida cuando se alejó de
Jesús. Fue cuando cerró sus oídos a las verdades
con las que había crecido y a las personas que con
amor le habían pedido que no le diera la espalda
a Dios. No escuchar la llevó a situaciones horribles que nunca soñó. Mientras tanto los cargos
contra Bárbara se volvieron más serios, de
manera que tuvo que volver a prisión para
esperar el juicio. Mientras escribo este libro, ella
está una vez más sentada en *Rikers Island* esperando el desenlace de su caso. Muchas personas
están orando para que Dios tenga misericordia
de ella, pero de una cosa estamos seguros:
Bárbara no está sola y ella también lo sabe. Una
vez más está disfrutando la paz que proviene de
escuchar al Señor.

Gracias a Dios por su asombrosa y amorosa
benevolencia.

LA CARTA INESPERADA

Bárbara me escribió desde la prisión mientras
aún escribía este capítulo. Después de leer la
carta supe que debía incluirla aquí. Ella estuvo de
acuerdo en compartirla con ustedes creyendo

que Dios la usará para despertar a alguien sobre la importancia de escuchar a Dios. No quiere que nadie más experimente el dolor en el corazón y la pena que ella sintió y causó.

Querido pastor Cymbala:

Cuando reciba esta carta, oro para que usted y su familia se encuentren bien. He recibido una copia de *Poder fresco* que usted me envió. Lo acabo de terminar y realmente me ha bendecido. Gracioso, porque hace unas semanas estaba orando y preguntándole a Dios cómo se suponía que iba a seguir sin mi hija. Pero después de leer el capítulo sobre la pareja en África, era como si Dios me estuviera diciendo: «Aquí está tu respuesta». Dudo si hoy sería salva, aun cuando esta tragedia fue tan terrible, si no hubiera sucedido.

Cuando Dios se llevó a mi hija, me recordó acerca de cuánto lo amé una vez, cómo confiaba y creía en él. He olvidado, pastor, todo acerca de eso. Aun cuando mi corazón sufre porque no puedo estar con ella, sé que a través de su muerte muchas personas llegarán a conocer al Señor. Ya ha comenzado. Empecé a tener estudios bíblicos aquí en *Rikers Island* casi todas las noches, y Dios ha traído chicas de todas partes.

Dios tiene un propósito para mí detrás de estas paredes, y aunque de veras las odio, Dios ha hecho que el tiempo aquí pase «mejor». Esto no quiere decir que no tenga mis días, porque el Señor sabe que los tengo. Pero sé que cuando clamo a él, está ahí mismo para recordarme que está a un clamor de distancia de mí.

Nuestros estudios bíblicos han crecido. Empezaron solo conmigo y una muchacha, mas ahora somos cinco las que nos reunimos todas las noches, otras más vienen pero solo por un rato. Nunca pude entender el versículo que dice: «No puedes servir a dos amos». Ahora lo entiendo. Antes de dejar la iglesia, estaba tratando de servir a dos amos y no pude. El camino angosto no era tan placentero como el ancho. Dios es tan bueno porque así y todo me ha salvado.

Recuerdo que cuando era niña todo lo que quería hacer era cantar, leer y alabar a Dios. Mientras reflexiono sentada en mi celda, puedo ver a Jesús sentado, esperando y esperando y esperando a través de cada aflicción, a través de cada momento malo, cuando me drogaba para tratar de olvidar todo lo que estaba pasando. Él solo se sentaba ahí esperando, casi diciéndome: «Clama a mí, Bárbara. Te ayudaré. Solo clama». Pero no lo hice. Estaba demasiado ocupada...

No quiero tener nada que ver con nada ni nadie que no tenga relación con Dios. Adoré muchos otros dioses, pastor Cymbala, y me han traído a esta situación.

Voy a dejar de escribir ahora. Lo llamaré o escribiré después porque mi lápiz se está acabando. Mandaré muchachas desde aquí a su iglesia, por favor recíbalas y muéstrele el mismo amor que me ha mostrado a mí. Les digo a las muchachas que de la única manera que pueden cambiar y no volver a los viejos tiempos es si dejan que Dios sea el primero y confían en él para todas las cosas. A muchas de ellas les he dicho que vayan y los vean a ustedes y que todos las ayudarán. Espero que eso esté bien. Muchas muchachas aquí quieren cambiar, pero cuando salen vuelven directamente a sus antiguas vidas y relaciones. No pueden hacerlo a menos que Dios las ayude. Espero que esté bien que le esté mandando a todas. Por favor dígamelo.

De todas maneras, manténgame en sus oraciones. Si no hay problema, ¿me puede mandar algo para leer? Prefiero leer libros religiosos que los sucios libros que circulan en la prisión.

Le amo. Que Dios le bendiga y le guarde.

BÁRBARA

CULTIVANDO UN CORAZÓN ATENTO

El mensaje divino que Isaías habló hace miles de años se aplica en todos los tiempos y a todas las personas: «*Escúchenme* bien, y comerán lo que es bueno, y se deleitarán con manjares deliciosos. *Presten atención* y venga a mí, *escúchenme* y vivirán» (Isaías 55:2-3).

La clave para una vida bendecida es tener un corazón atento que desea saber lo que el Señor está diciendo.

Piense un momento en la falta de bendición y la creciente dureza de corazón de la vida de muchos cristianos a través de todo el país. Este vacío proviene en principio de no escuchar a Dios. Considere también los incontables pastores que están absorbidos por cada nueva moda o fórmula humana pero que pasan poco tiempo esperando en Dios, esperando escuchar las directivas del Espíritu Santo para sus ministerios. Dios es un Dios que habla, comunicativo, pero alguien tiene que estar escuchando del otro lado.

Dios es un Dios que habla, comunicativo, pero alguien tiene que estar escuchando del otro lado.

Jesús escribió cartas para siete iglesias diferentes en el libro de Apocalipsis. La condición espiritual de cada asamblea era diferente y por lo tanto las palabras de Cristo nunca eran las mismas mientras se dirigía a cada situación en particular. Pero es notable el uso de la *misma* frase para terminar *todas* las cartas: «el que tenga oídos, que oiga lo que el Espíritu dice a las iglesias» (Apocalipsis 2-3).

El Espíritu Santo aún habla mensajes vitales al pueblo de Dios pero debemos tener tiernos y atentos los corazones para escuchar lo que él está diciendo.

¿Cuándo fue la última vez que usted y yo podríamos decir que oímos la voz de Dios? Esto no es fanatismo misticista, es un tema de vida o muerte que va a afectar nuestra vida aquí en la tierra y determinará nuestros destinos eternos. Dios está rogando de innumerables maneras: «escúchenme y vivirán» (Isaías 55:3). ¿No necesitamos todos nosotros aminorar la marcha y estar quietos delante de él? ¿Qué beneficio hay en las cosas si no estamos escuchando lo que nuestro Creador nos está diciendo?

Los ojos de Dios buscan sobre la tierra corazones atentos, sumisos, de manera que él pueda mostrarse fuerte y poderoso para nuestro bienestar. Pidámosle a Dios la bendición de un corazón como el de un niño, como aquel que el joven Samuel tenía, de manera que cuando el Señor nos llame por nuestro nombre podamos responder: «Habla, que tu siervo escucha» (1 Samuel 3:10).

Señor, ayúdanos a tener un corazón atento que sea suave y dócil. Sálvanos de estar tan llenos de nosotros mismos que no te podamos oír. Danos la gracia tanto de oírte como de obedecerte cuando tú nos hables. Amén.

DOS

IMITADORES
DE DIOS

Todos hemos escuchado la frase: «La imitación es la mayor forma de adulación», pero podemos no darnos cuenta qué papel tan importante tiene la imitación en nuestra vida.

Consciente o inconscientemente, con frecuencia incorporamos a nuestros patrones de comportamiento cosas que nos han impresionado profundamente. No solo los niños realizan imitaciones para ayudar en su aprendizaje, los adultos continuamos la mímica, de una u otra forma a través de nuestra vida. Toda la industria de la publicidad se asienta largamente en la premisa de que las personas imitarán el estilo de vida y elecciones de aquellos que admiran y estiman. Cuando algunos atletas de alto perfil comenzaron a usar sus gorras de béisbol al revés, no pasó mucho tiempo antes que millones de niños y adultos estuvieran haciendo lo mismo.

GILLY, MI HÉROE

Como todo niño que crecía en el Brooklyn miraba con mucha atención a mis héroes deportivos. Sabía cómo caminaban, cómo balanceaban el bate, y cómo encestaban. Todo lo asimilaba. Lo que veía e imitaba, influía en cómo jugaba. Si idolatraba a alguien, podía ir hasta los extremos para imitarle, aun copiando su idiosincrasia.

Gilly era uno de esos héroes. Con tres o cuatro años más que yo, no era un Mickey Mantle, Willie Mays o Duke Snider, jardineros centrales de los Yankees, Gigantes y Dodgers que jugaban en la ciudad de Nueva York cuando iba a la escuela. Todos los niños del vecindario siempre discutíamos cuál de estas tres superestrellas era la mejor. Gilly no era una superestrella de las ligas mayores, pero era el mejor jugador de «stickball» en *Parkside Avenue*. («Stickball» es una versión callejera del béisbol y en ese tiempo era el deporte más importante de la cuadra.) *Nadie* era mejor que Gilly.

Un par de veces tuve la suerte de jugar en el equipo de Gilly en un partido de stickball, pero la

mayoría de las veces era demasiado pequeño para
jugar con el grupo. Por eso me quedaba en las
líneas laterales y, como un águila, miraba cada
movimiento que él hacía. Bateaba como zurdo y
lanzaba con la derecha, cosa que yo no podía
hacer, pero todo lo demás lo imitaba, cómo
lanzar, cómo correr, aun cómo terminaba
después de hacer girar el palo de escoba que
usábamos como bate. Pero yo no me detenía con
eso.

Gilly usaba una pulsera identificadora en su
muñeca. En esos tiempos estas pulseras eran
cosas deseadas por los adolescentes. Cada vez que
lanzaba, o bateaba, o corría rápido, la pulsera
identificadora que usaba suelta se le subía leve-
mente por el brazo. Entonces él sacudía su mano
y antebrazo hacia atrás y hacia delante para que
la pulsera se le acomodara nuevamente en la
muñeca. Esto era un detalle pequeño, pero lo
hacía todo el tiempo. Después de arrojar unas
bolas o balancearse fuerte ante un lanzamiento,
sacudía su brazo y su mano hacia delante y hacia
atrás. Corría realmente fuerte con su brazo
agitado, y luego sacudía su pulsera para que
volviera a su lugar. No estaba consciente de que
me estaba pasando con mi mímica de Gilly, pero
mi madre lo notó. Un día no pudo aguantar más
y me preguntó: «¿Por qué estás sacudiendo cada

treinta segundos tu brazo hacia delante y hacia atrás?» Estaba imitando lo que hacía uno de mis ídolos infantiles, ¡pero yo no tenía una pulsera identificadora en mi muñeca! Pienso que mi madre estaba pensando si yo no necesitaba ayuda psicológica.

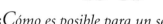

¿Cómo es posible para un ser humano imitar al Creador del universo?

Para mal o para bien, todos hemos imitado a otras personas. El apóstol reconoció el poder de la imitación y lo usó en sus enseñanzas. En Efesios 5:1 él manda: «Por tanto, imiten a Dios como hijos muy amados». ¿Qué tenía exactamente en la mente cuando escribió este mandamiento? ¿Cómo es posible para un ser humano imitar al Creador del universo que tiene todo poder, conoce todas las cosas y está presente en todo lugar al mismo tiempo? Parece demasiado alto para personas frágiles como usted y como yo que necesitamos la ayuda de Dios para cada momento de nuestra vida. Pero el mandamiento aún permanece inmutable en la Biblia: «¡Sed imitadores de Dios!».

EL CORAZÓN ESPECIAL DE DAVID

Creo que imitar a Dios, así como escucharle, es otra cualidad que nos alinea con sus propósitos y provoca aun más bendiciones. Probablemente nadie en todo el Antiguo Testamento ilustra mejor esta verdad que el rey a quien Dios llamó «un hombre más de su agrado» (1 Samuel 13:14). La imitación de Dios por parte de David fue hasta el corazón mismo del tema en más de un sentido.

Cuando David era joven, su vida era como viajar en la montaña rusa debido a la oposición que enfrentó. Aunque mató a Goliat, el gigante filisteo, su fama entre los israelitas hizo que el rey Saúl más que quererlo tuviera celos de él. Saúl estaba consumido por la envidia, de manera que terminó persiguiendo a David por todo Israel para tratar de matarlo. Obligado a vivir como vagabundo, David fue separado de su mujer, sus padres y su mejor amigo. Su vida se volvió una pesadilla por los celos y la «vendetta» de Saúl contra él. David escribió muchos de sus salmos mientras trataba desesperadamente de escapar del sanguinario rey y su formidable ejército.

Al final la promesa de Dios se cumplió y David se sentó en el trono de Israel (2 Samuel 5:3-4). Conquistó Jerusalén y la llamó la ciudad de David. A esta victoria le siguió una victoriosa campaña contra los filisteos, los moabitas y otros enemigos de Israel. La fama de David se extendió por todos lados, y su reinado permanece como uno de los momentos más gloriosos de la historia hebrea.

En lo más alto de su poderío, David nos permite vislumbrar su corazón, ese corazón tan especial que Dios atesoraba cariñosamente.

Convocado Siba, un siervo del rey Saúl, David le preguntó: «¿No queda nadie de la familia de Saúl a quien yo pueda beneficiar en el nombre de Dios?» (2 Samuel 9:3). Los consejeros reales de David y los jefes militares deben haber quedado boquiabiertos cuando escucharon esta increíble pregunta. ¡*Benevolencia* y el nombre de *Saúl* no debían pertenecer a la misma frase! Saúl, un insano, había luchado por el trono contra el ungido de Dios. Estaba lleno de maldad. Destruyó a gente inocente sin ningún remordimiento. Lo único que merecía la familia de Saúl era lo mismo que había dado, ¿de acuerdo? ¡Qué increíble era que David, entonces, buscara maneras para poder bendecir la casa y los descendientes de su archienemigo!

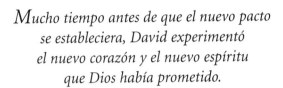

*Mucho tiempo antes de que el nuevo pacto
se estableciera, David experimentó
el nuevo corazón y el nuevo espíritu
que Dios había prometido.*

La misericordia y la gracia increíble que Dios había mostrado a David afectaron extraordinariamente su alma. En vez de estar podrido con deseos de revancha y abrigando un espíritu de venganza, el corazón de David estaba lleno de misericordia y bondad, las mismas cualidades que Dios había demostrado al ascenderlo a un lugar tan elevado. David sabía por experiencia propia que Jehová era el Dios de las bendiciones y la gracia inmerecida, de manera que ¿cómo no iba a seguir el ejemplo? Mucho tiempo antes de que el nuevo pacto se estableciera, David experimentó el nuevo corazón y el nuevo espíritu que Dios había prometido dar a los verdaderos creyentes.

GRAVES CONSECUENCIAS

Me pregunto: ¿Cuántos de nosotros vivimos vidas raquíticas, escasas, porque nos aferramos al historial de faltas que han cometido contra nosotros? ¿Cuántas de nuestras enfermedades físicas, insomnio crónico o ansiedad están arraigadas en los recuerdos de desagradables desprecios y dolorosas heridas del pasado? Al no perdonar, al no permitir que estos agravios se vayan, no vamos a poder solucionarlos. Lo único que logramos es castigarnos a nosotros mismos levantando barreras en nuestro corazón, los cuales son canales de la Gracia de Dios. ¿Cómo puede el Señor que se deleita en la misericordia caminar y bendecir abundantemente un corazón los cuales está lleno de resentimiento y falta de perdón? (Salmos 25:6; Efesios 2:4). Este es un obstáculo espiritual porque Dios no puede negar su naturaleza. ¿Hay algún versículo más solemne en el Nuevo Testamento que el de Mateo 6:15? «Pero si no perdonan a otros sus ofensas, tampoco su Padre les perdonará a ustedes las suyas».

Es verdad que el hijo de Saúl, Jonatán, era el mejor amigo de David. Pero esa no era la causa principal de la bondad de David. Aquí hay algo mucho más profundo que el deseo de hacerle un favor al amigo muerto. Observemos la pregunta de David: «¿No queda nadie de la familia de Saúl a quien yo pueda *beneficiar en el nombre de Dios*?» (2 Samuel 9:3). Era la bondad de Dios obrando en el corazón de David la que hizo que alcanzara a sus enemigos con misericordia y bendición. No les iba a dar lo que merecían porque Dios no había tratado con él de esa manera.

La próxima vez que estemos convencidos de lo justo que somos y cuán injustamente nos han tratado, haremos bien en recordar esta historia. La próxima vez que estemos convencidos de que las personas *merecen* ser juzgadas y no pueden *salirse con la suya* por las faltas que han cometido, detengámonos y pensemos: *¿Es así como Dios me ha tratado?* Si él reaccionara a nuestros pecados de la misma forma que nosotros lo hacemos con los que nos han ofendido, ¿dónde estaríamos hoy? La realidad es que todos nosotros hemos sido, en maneras que solo Dios conoce, misericordiosamente perdonados infinidad de veces. No obstante, con qué vehemencia reaccionamos contra aquellos que nos han herido aun una sola vez. Gritamos: «¡Eso estuvo mal!», y colocamos al ofensor en la pequeña lista que tenemos de «imperdonables». Qué tergiversado está nuestro sentido de la indignación justa . Esa actitud está a mundos de distancia de la cruz de Cristo, que es nuestra fuente de salvación.

En lugar de recordar las ofensas cometidas contra nosotros, sería mucho mejor recordar esta promesa de Jesús: «Dichosos los compasivos,

porque serán tratados con compasión» (Mateo
5:7). Viendo mi vida en retrospectiva, todo lo que
alcanzo a ver es compasión y gracia escritas en
mayúsculas por todas partes. Que Dios me ayude
a tener el mismo corazón hacia los que me hieren
u ofenden.

A medida que se desarrollaba, el deseo de
David de ser compasivo no debía frustrarse.
Había un sobreviviente de la familia de Saúl a
quien David le podía mostrar bondad y
compasión. Siba le informó al rey que un hijo de
Jonatán llamado Mefiboset vivía en Lo Debar.
Prontamente David lo hizo traer a Jerusalén
rápidamente.

¡SORPRESA!

Mefiboset entró al palacio del rey temblando de
miedo. *¿Qué querrá de mí el Rey David?*, sin
dudas se habrá preguntado. *En teoría, al menos,
soy una amenaza para él. Si la opinión pública se
vuelve hacia la casa de Saúl, yo sería el heredero
natural al trono de Israel. Puede ser que David me
haya convocado por mi linaje real. Puede ser que él
quiera barrer aun con la más débil amenaza a su
trono.*

Qué sorpresa le esperaba a Mefiboset.
Inmediatamente el Rey David calmó sus temores:

«No temas», le dijo David, «pues en memoria de tu padre Jonatán he decidido beneficiarte. Voy a devolverte todas las tierras que pertenecían a tu abuelo Saúl, y de ahora en adelante te sentarás a mi mesa» (2 Samuel 9:7). En lugar de elegir destruir, David escogió bendecir. En lugar de recordar los hechos malvados de Saúl, el rey David compasivamente restituyó al nieto de Saúl todas las tierras que una vez fueran de Saúl. David le ordenó también a Siba, así como a sus hijos y sirvientes, que cultivaran la tierra de Mefiboset. ¡No en vano David fue llamado un hombre con un corazón conforme a Dios! Él se deleitaba en la misericordia más que en el juicio.

También leemos: «Tullido de ambos pies, Mefiboset vivía en Jerusalén, pues siempre se sentaba a la mesa del rey» (2 Samuel 9:13). Qué hermoso cuadro de la manera en que Dios trata con todos los que creen en su Hijo, Jesucristo. No solamente recibimos gracia y perdón, ¡sino también somos llamados a la amistad con aquel mismo contra el que pecamos! Desde ese día en adelante, Mefiboset siempre comió a la mesa del rey, de manera que David le proveyó diariamente y él disfrutó de la presencia del rey. ¡Qué increíble es la bondad del Señor, y qué bendecido estaba David por imitar tan bien el corazón de Dios!

VOLVIÉNDOSE ÍNTEGRO

Es interesante descubrir de qué triste forma Mefiboset quedó paralítico. Tenía cinco años cuando llegaron noticias de Jezreel sobre la derrota de Israel por los filisteos y la muerte de Jonatán y Saúl. Durante el pánico del momento, «su nodriza lo cargó para huir pero, con el apuro, se le cayó y por eso quedó cojo» (2 Samuel 4:4). Mefiboset sufrió un daño para toda la vida porque a alguien accidentalmente se le cayó. Por el resto de su vida no podría trabajar. No podía marchar por el campo, entrenar para la batalla, ni estar en medio de una multitud. Debía esperar la compasión o la lástima de otros para sobrevivir. Sin embargo, años después se le da una posición de honor, todo porque la bondad y compasión de Dios fluían del corazón de David.

Estos detalles acerca de Mefiboset nos dan otro punto valioso a considerar. Muchas personas actúan de la forma en la que lo hacen porque alguna vez alguien «los dejó caer» en forma accidental o deliberada. No escribo esto para racionalizar su conducta o excusar sus pecados, pero es un hecho que debemos recordar porque impacta sus vidas espirituales. No todos han tenido la ayuda de una familia u otras ventajas con las que algunos de nosotros hemos sido bendecidos. He aconsejado a muchas personas cuya vida parece una especie de historia de terror. Han sido heridos, sin embargo Dios les extiende su bondad y compasión sin importar su condición de inválidos. De hecho, Dios es guiado hacia personas con profundas necesidades. Él desea hacerlos íntegros y librarlos de cada mancha de sus pecados (Salmos 51:7; Isaías 1:18). Dios los invita a sentarse a su mesa aun cuando ellos tienen una «cojera espiritual» que todavía no se ha curado. Él siempre está dispuesto a encontrarse con personas dondequiera que estén, no importa cuán espantosos puedan parecer sus pecados. Esteban Langella conoce bien esta verdad.

Dios siempre está dispuesto a encontrarse con personas dondequiera que estén, no importa cuán espantosos puedan parecer sus pecados.

BUSCANDO UNA SALIDA

Esteban nació en la ciudad de Nueva York en un típico hogar de clase media. Su padre era estibador y su madre se quedaba en casa para criar a los niños. Era un hogar tradicional católico, y él asistió a colegios parroquiales en vez de públicos. Cuando Esteban aún era un niño sus padres empezaron a tener problemas matrimoniales. En ese tiempo su madre empezó un amorío con un antiguo policía y marino de Nueva York que medía 6,3 pies y pesaba 220 libras. Con el tiempo sus padres se separaron y con esa separación culminó la vida relativamente feliz y normal que Esteban había disfrutado.

Al año siguiente la madre de Esteban recogió a la familia y se mudó a Florida con su nuevo novio. El padre de Esteban ni siquiera sabía que los niños se habían ido. Esto trajo caos y profundo dolor emocional a todos los niños. La nueva «familia» se estableció en una pequeña y raída casa que era muy diferente a su anterior hogar en Staten Island. Este fue uno de los muchos cambios que Esteban enfrentó.

El padrastro era un hombre rudo con poca paciencia hacia Esteban. Por años golpeó al niño como una rutina, insultándole y atemorizándole con enviarle lejos de su madre. A los once años Esteban tuvo su primer encuentro con la pornografía cuando su hermano le mostró una revista Playboy. Esto implantó una semilla de muerte que produciría horribles frutos durante los años por venir. Esteban relata qué sucedió después:

«A los diecisiete años decidí entrar en la armada. Pronto estaba recibiendo el entrenamiento básico en Fort Gordon en Georgia. Rápidamente me di cuenta de que la armada presentaba algunos problemas para mí. Parecía que siempre me metía en líos y apenas pude terminar el entrenamiento. En la armada estaba expuesto a más pornografía y pronto comencé a asistir a clubes nudistas. Luego tuve mi primer encuentro sexual con una prostituta. Siempre fui muy tímido con las muchachas, pero ahora la pornografía, las prostitutas y los clubes nudistas se convirtieron en un escape para mí. Encontré aceptación en esos lugares, y parecía que alguien me mostraba afecto».

A los dieciocho Esteban fue expulsado de la armada. Los siguientes seis años anduvo de aquí para allá viviendo en diferentes estados mientras trabajaba como mozo de bar. Se quedaba solo unos pocos meses en cada lugar. Durante ese tiempo tuvo algunas novias pero ninguna relación significativa, y siguió involucrándose más con la pornografía y el sexo promiscuo. Se empleó como marino mercante y comenzó a viajar por todo el mundo. El estilo de vida agravó sus problemas, desperdiciando todo su dinero en fiestas y prostitutas.

Finalmente volvió a Brooklyn donde volvió a trabajar como mozo de bar. Allí no pudo dejar de notar el cambio de vida de uno de sus amigos.

«Pablo había sido el mayor bebedor del vecindario», relata Esteban, «siempre andaba peleando y si le iba mal volvía con una escopeta. Pero ahora estaba totalmente diferente. Pablo compartió conmigo el amor de Jesús. El cambio era tan radical y obvio que, por simple curiosidad, accedí a asistir el domingo a la iglesia con él. Durante la reunión se predicó un mensaje muy simple del evangelio. El orador dijo que Dios tenía un plan para cada persona y que rechazar a Jesús era elegir el infierno antes que el cielo, la muerte antes que la vida. Sabía que mi vida estaba retorcida y mal, por eso en esa mañana de domingo puse mi fe en Jesucristo como mi salvador».

TENTACIÓN

Esteban comenzó a asistir al Tabernáculo de Brooklyn donde servía como ujier y en otros ministerios. Dios había cambiado su vida y a través de él sus tres hermanas recibieron a Cristo en los siguientes años. Pero la batalla por su alma estaba lejos de terminar. Empezó a luchar nuevamente con pasiones lujuriosas.

«Una noche en 1989 mientras miraba televisión», me contó, «vi un comercial con una mujer muy sensual que yacía sobre un sofá vestida con ropa interior y decía: "Hola, mi nombre es Amber. Llámame ahora y conoce a algunas de mis hermosas amigas". Esta fue la invitación y de inmediato comenzó una lucha con esta nueva tentación. Finalmente llamé al número 900 y supe que podría conocer mujeres en Nueva York. Terminé hablando y luego encontrándome con una de ellas. Tuvimos relaciones sexuales y luego me sentí muy condenado y miserable. Al volver a casa esa noche, caí sobre mi rostro y lloré descontroladamente. El próximo domingo le pedí a Dios perdón y le prometí no hacerlo nuevamente. Pero la seducción del número 900 era muy poderosa. Una enorme batalla comenzó a librarse en mí, pronto estaba en el teléfono nuevamente. No importaba cuántas promesas le hiciera a Dios, no importaba cuantas lágrimas derramara, parecía que no tenía la victoria sobre esta tentación».

Durante los siguientes años la vida espiritual de Esteban subía y bajaba como un yoyo. La victoria duraba por unas semanas o meses, seguida por una nueva caída en el pozo. La fatiga y desaliento le ganaron, por lo que Esteban trató de huir. Se empleó como marino mercante y terminó en un buque de carga a siete mil millas de distancia en el Golfo Pérsico.

En ese momento, la batalla espiritual que enfrentaba parecía perdida. Sintiendo que se había pasado de la línea con Dios, Esteban estaba convencido de que no le interesaba al Señor y de que no le preocupaba más su vida contaminada. Sin embargo, pronto Esteban estaba repitiendo las mismas palabras de David, que también experimentó el fracaso moral:

«¿A dónde podría alejarme de tu Espíritu?
¿A dónde podría huir de tu presencia?
Si subiera al cielo,
    allí estás tú;
si tendiera mi lecho en el fondo del abismo
    también estás allí.
Si me elevara sobre las alas del alba,
o me estableciera en los extremos del mar,
    aun allí tu mano me guiaría,
¡me sostendría tu mano derecha!»
(Salmos 139:7-10)

Esteban Langella se podría haber rendido con él mismo, pero Dios no se había rendido con Esteban Langella.

«Un día, mientras caminaba sobre la cubierta del barco para ver la puesta de sol, cerca de mí un ayudante de cubierta estaba fumando un cigarrillo. Hice un comentario de lo hermosas que eran las puestas de sol, pero su respuesta me asombró: "Sí, pero aun no me gusta el hecho de que la gente de por acá no crean en Jesús. Sé que no estoy viviendo rectamente pero creo que Jesucristo es el único camino. Un día le voy a entregar mi vida".

»Aquí estaba un mal hablado marino mercante en un barco en el Golfo Pérsico ¡hablándome de Jesús! Inmediatamente una profunda convicción vino sobre mi corazón. No me la podía quitar de encima. Al dar las dos de la mañana siguiente, me desperté de un profundo sueño en total tinieblas. Estaba desorientado y no tenía idea de donde estaba. Repentinamente la idea de pasar la eternidad en la oscuridad del infierno me sobrecogió. Comencé a llorar y a arrastrarme por el piso. Luego golpeé mi cabeza contra la pared. En mi agonía comencé a rogar y a implorarle a Dios que me dejara solo. Pero el Señor no me abandonó. En cambio, me recordó su amor y misericordia. Él me podría haber volado del planeta pero en lugar de eso continuó alcanzándome con compasión y bondad».

Esteban volvió a Brooklyn y comenzó a aprender cómo vivir en victoria. En vez de depender de sus fuerzas o de su decisión personal, rindió sus problemas y su vida entera al Señor. Descubrió que Dios era el Único que podía sanar las áreas inválidas de su vida personal. La fe en Cristo es la victoria que no solamente vence al mundo sino también a cada pecado carnal. No importa cuánto nos hayamos alejado, o cuán profundo nos haya penetrado la corrosión del pecado, el poder y el alcance de la misericordia de Dios son ilimitados.

Hoy, cuando Esteban comparte su testimonio de liberación, se enfoca en el implacable amor y misericordia de Dios. Siendo uno de los hombres de mayor disposición espiritual en nuestra iglesia, ya no es un adicto a la pornografía y la mano del Señor está sobre él. Estamos entusiasmados por ver lo que encierra su futuro en Cristo.

LA ÚNICA CURA

Aun cuando nuestras historias de la vida sean distintas, ¿no venimos todos del mismo agujero de pecado del que Esteban fue rescatado? ¿Hay alguno de nosotros que hoy no se pueda identificar con estas palabras del apóstol Pablo?: «En otro tiempo también nosotros éramos necios y desobedientes. Estábamos descarriados y éramos esclavos de todo género de pasiones y placeres. Vivíamos en la malicia y en la envidia, siendo detestables y odiándonos unos a otros. Pero cuando se manifestaron la bondad y el amor de Dios nuestro Salvador, él nos salvó, no por nuestras propias obras de justicia sino por su misericordia» (Tito 3:3-5). No importa cómo sean nuestras historias, todos podemos repetir al unísono el pasaje de la Escritura como nuestro testimonio colectivo: «El gran amor del Señor nunca se acaba, y su compasión jamás se agota. Cada mañana se renuevan sus bondades; ¡muy grande es su fidelidad!» (Lamentaciones 3: 22-23).

Comprender el corazón compasivo y amoroso de Dios es crucial para cada creyente porque es el mismísimo fundamento de nuestra salvación a través de Jesucristo. Pero aún hay más: las misericordias de Dios son «nuevas cada mañana». Debemos apropiarnos de la delicada misericordia de Dios cada día *después* de convertirnos o los problemas rápidamente se desarrollarán. Necesitamos su gracia cada día para poder vivir una vida de rectitud.

Debemos apropiarnos de la delicada misericordia de Dios cada día después de convertirnos o los problemas rápidamente se desarrollarán.

Por un momento pensemos en la invasión masiva de pornografía en la iglesia cristiana, especialmente la incursión en el ministerio. Las batallas peleadas por Esteban Langella se repiten en muchas vidas. Tratando de luchar contra este pecado, algunos predicadores alientan las emociones motivando a la gente a votos nuevos y más sinceros y a promesas de cambiar sus caminos pecaminosos. Pero como Esteban, que tanto se esforzó y aun así terminó desanimado y derrotado espiritualmente, muchos cristianos en la tierra están perdiendo la batalla y viviendo con oculta vergüenza e irremediable desesperanza.

Debemos reconocer que cuando enfrentamos hábitos pecaminosos profundamente arraigados en la lucha espiritual diaria, la autoayuda no da resultado. Hay una sola cura y viene de Dios.

Dios ha prometido no dejarnos solos en nuestra debilidad y confusión. Ofrece una respuesta, su *única* respuesta. «En verdad, Dios ha manifestado a toda la humanidad su gracia, la cual trae salvación y nos enseña a rechazar la impiedad y las pasiones mundanas. Así podremos vivir en este mundo con justicia, piedad y dominio propio» (Tito 2:11-12).

Advirtamos que solo la gracia de Dios nos pueda enseñar a decir: «¡No!» de forma apropiada y c   . Toda la decisión humana que podamos reunir y todas las bien intencionadas promesas que podamos realizar son completamente ineficaces contra el poder de los deseos carnales. Es solo cuando el Espíritu de Dios obra en nosotros «el querer como el hacer para que se cumpla su buena voluntad» (Filipenses 2:13), que podemos experimentar la victoria sobre todo pecado dominante.

El corazón compasivo de Dios nos provee no solamente de perdón para nuestros pecados, sino también de una provisión diaria de alimento espiritual para fortalecernos. Aun el tullido

Mefiboset se sentaba diariamente a la mesa del rey David, tomemos nuestros lugares y beneficiémonos de todas las misericordias y bendiciones que Dios nos ha puesto delante. Allí, en la presencia del eterno y soberano Rey podemos «recibir misericordia y hallar la gracia que nos ayude en el momento que más la necesitemos» (Hebreos 4:16).

Padre, traemos todos nuestros fracasos a ti en el nombre de Jesús. Hemos tratado muchas veces y de muchas formas de cambiar. Pero nuestros problemas son demasiados grandes para que los podamos manejar. Nos entregamos y rendimos totalmente nuestra vida a tu amor y misericordia. Límpianos y cámbianos desde nuestro interior. Enséñanos cómo imitarte para tener tu corazón bondadoso y misericordioso. Enséñanos a caminar en el Espíritu cada día para que podamos conocer tu poder y victoria. Descansamos en tu compasión y fidelidad. Amén.

TRES

CUANDO LA BENDICIÓN SE VUELVE MALDICIÓN

Años atrás cuando era un niño había un popular programa de televisión llamado *El Millonario.* Todas las semanas en la trama ficticia de cada episodio el mismo donante anónimo elegía al azar quien iba a recibir un millón de dólares. La historia luego mostraba los cambios increíbles que el inesperado y enorme regalo producía en la vida de los que lo recibían y de las otras personas alrededor de ellos.

Ustedes podrían pensar que todo se volvía maravilloso para la persona que recibía el dinero pero no siempre sucedía así. Habitualmente el regalo convertía a su receptor en alguien muy antipático, lo que era fascinante para el guión de la historia, pero una triste realidad.

Podemos ver numerosos ejemplos de la vida real que muestran la misma cadena de hechos. Una persona gana la lotería y súbitamente tiene un montón de millones a su disposición. Un atleta se esfuerza y llega a ser una superestrella: el dinero, la fama y la exposición en los medios de comunicación casi lo hacen un hombre-industria. En ambos casos, la historia no siempre tiene un final feliz. Frecuentemente aprendemos que lo que parece una colosal buena fortuna puede extraña y rápidamente volverse una historia de tragedia humana.

COMIENZOS PROMETEDORES

La Palabra de Dios está llena de extrañas historias que cualquiera ve en la televisión o lee en los periódicos. Esto revela que a veces aun las bendiciones escogidas de Dios para su pueblo pueden producir trágicos e inesperados resultados.

En el capítulo uno aprendimos acerca de Amasías, el hombre que no quería escuchar. Después de que Amasías fuera asesinado, su hijo de dieciséis años Uzías ascendió al trono.

Muchos comentaristas creen que Uzías llegó a ser rey realmente cuando su idólatra padre se extravió en los últimos años trágicos de su vida.

De la misma forma que muchas personas que se hacen ricas o alcanzan la fama parecen tener un futuro brillante, el reinado de Uzías comenzó con grandes promesas y éxitos. Una larga e ininterrumpida serie de victorias y logros nacionales esparcieron su fama hasta Egipto. Comenzó recapturando y reconstruyendo sabiamente la ciudad de Elat al sur de Judá, que en gran manera agrandó las posibilidades de la nación para el comercio y el intercambio. Uzías orquestó victoriosas campañas militares contra los filisteos, árabes y meunitas. Aun los poderosos amonitas fueron obligados a pagar tributos a Uzías.

No contento con estas victorias, el rey expandió y reorganizó sus ejércitos para hacerlos más eficientes. Con la ayuda de hombres capaces inventó nueva máquinas para la guerra (probablemente en la línea de las catapultas), que podían arrojar flechas y grandes rocas a las armadas enemigas con gran fuerza y precisión. Inclusive fortificó ciudades estratégicas, haciendo de Judá un lugar casi inexpugnable.

Pero Uzías era más que un líder militar. Vigiló los negocios relacionados con el ganado y la agricultura, los cuales que prosperaron durante su reinado. «Cavó un gran número de pozos, pues tenía mucho ganado en la llanura y en la meseta. Tenía también labradores y viñadores que trabajaban en las montañas y en los valles, pues era un amante de la agricultura» (2 Crónicas 26:10). Campos y viñedos, montes y tierras fértiles, todo era afectado por los programas progresistas y su amor por la tierra. Uzías no   era un hombre de mente estrecha; era un rey notable por sus diversos intereses y su inusual inteligencia.

¿CUÁL ES EL SECRETO?

¿Saben ustedes el secreto detrás de la habilidad de Uzías para triunfar en todo lo que emprendía? La Biblia nos da la razón exacta y simple del éxito de Uzías: «Dios lo ayudó» (2 Crónicas 26:7). Unos versículos más adelante, para ser más enfática, la Palabra de Dios declara que «con la poderosa ayuda de Dios» (2 Crónicas 26:15).

La palabra traducida «ayuda» en estos versículos viene de la raíz hebrea que significa «rodeado». En cualquier desafío o batalla que tuviera que enfrentar el rey Uzías, Dios lo rodeaba con un muro de bendición. No importa de qué ángulo quisieran atacar a Judá, o que dificultades surgieran, el Señor estaba ahí para ayudar a este rey extraordinario. ¡Atacar a Uzías significaba que había que vérselas con Dios primero!

La bendición de Dios era el secreto detrás del éxito de Uzías. Pero, ¿había alguna razón por la que Dios mostró con él tan inusual favor? La Biblia claramente afirma que los hechos que llevaron a Uzías al éxito no eran casualidad o accidentes, estas cosas no existen en el reino espiritual. En cambio, eran el resultado de algo que Uzías habitualmente hacía. Las escrituras revelan que «mientras vivió Zacarías, quien lo instruyó en el temor de Dios, se empeñó en buscar al Señor. *Mientras Uzías buscó a Dios*, Dios le dio prosperidad» (2 Crónicas 26:5).

Mientras el corazón de Uzías humildemente buscó del Señor, Dios le prosperó

La palabra hebrea que se traduce «prosperó» significa «avanzar». Mientras el rey humildemente buscó la guía y protección de Dios, él avanzó, rodeado, ayudado y bendecido por el Todopoderoso. ¿Quién no quisiera vivir como si desde el cielo todo le estuviera sonriendo?

Observen también el período de tiempo durante el cual Uzías buscaba a Dios y disfrutaba del favor divino. Era «mientras vivió Zacarías, quien lo instruyó en el temor de Dios». Este Zacarías no era el profeta cuyo libro está incluido en la Biblia entre los de los profetas menores. Este Zacarías era otro siervo del Señor que también estaba en contacto con el cielo y con las cosas invisibles del Espíritu. La amistad e influencia de Zacarías eran importantes para Uzías porque era el profeta el que alentaba a Uzías a buscar al Señor, lo que a su tiempo llevó al rey a tener éxito en todo lo que hiciera.

NUESTRA NECESIDAD DE «ZACARÍAS»

¡Qué bendición es tener un Zacarías en la vida! ¿Tienes un amigo espiritual que te hace recordar la grandeza de Dios y sus promesas? ¿Tienes alguien que despierte dentro de ti un hambre espiritual por buscar más de Dios? Todos necesitamos más que amables relaciones o amigos que compartan intereses similares. En los días que nos tocan vivir, necesitamos un Zacarías con urgencia, personas que nos estimulen e inspiren para acercarnos a Dios y alejarnos de los tentadores placeres mundanos.

Necesitamos un Zacarías con urgencia, personas que nos estimulen e inspiren para acercarnos a Dios.

Estoy agradecido por estar bendecido con un Zacarías en mi vida. Uno de mis amigos de ministerio que vive en otra parte del país habla conmigo al menos una vez por semana. La fotografía de nuestra familia está sobre su escritorio, y él ora por nosotros a diario. Todas las veces que cuelgo el teléfono después de hablar con él quiero conocer más mi Biblia, estar más cerca de Dios y predicar con más efectividad para Cristo. Habitualmente Dios usa las palabras de los hombres para bendecirme y aun para darme respuestas a situaciones que enfrento.

¿JUGAR A LAS ESCONDIDAS?

Mientras consideramos la importancia de Uzías «buscando al Señor» y cómo esto le llevó a la bendición de Dios, tal vez debamos mirar con más detenimiento lo que esta frase significa. ¿Estaba el Señor jugando a las escondidas con Uzías? ¿Es por eso que Uzías tenía que *buscarlo*? ¿Estaba tratando de ser evasivo Dios? ¿Qué quería decir el Señor cuando habló estas palabras a través del profeta Jeremías: «Me buscarán y me encontrarán, cuando me busquen de todo corazón» (Jeremías 29:13).

Buscar a Dios no es solamente un concepto del Antiguo Testamento; está en el corazón de cada relación real con el Todopoderoso: «Cualquiera que se acerca a Dios tiene que creer que él existe y que recompensa a quienes lo buscan» (Hebreos 11:6).

El tema no es si vas a la iglesia o cuántos versículos bíblicos sabes. Esas cosas, aunque importantes, no necesariamente nos hacen buscadores de Dios. Tampoco lo hace el que nos llamemos bautistas, presbiterianos, fundamentalistas, evangélicos o carismáticos. Dios no está interesado en cuántas iglesias *sensitivas* hay pero sí en cuántas iglesias *buscadoras* hay y en cuántas personas tienen corazones *buscadores* como el del joven rey Uzías.

Bajo la influencia divina de Zacarías, Uzías estaba haciendo dos cosas esenciales. Primero, buscaba ayuda del Dios Todopoderoso. El rey estaba consciente de su debilidad y torpeza para dirigir Judá solo con sus propias fuerzas. Él sabía que necesitaba la ayuda directa de Dios. Este reconocimiento humilde de necesidad está en el corazón de toda verdadera oración y provee la motivación para pasar tiempo en la presencia de Dios. La palabra que se traduce por «buscar» en 2 Crónicas 26:5 significa «pisar o frecuentar» un determinado lugar. En las versiones Reina Valera a veces es traducida como «preguntar» o «inquirir». Uzías debe haber pasado mucho tiempo con el Señor porque su tierno corazón no conocía otra fuente de ayuda. Cuánto necesitamos seguir su ejemplo orando cada día: «Oh, Señor, necesito tu ayuda. No lo puedo lograr sin Ti».

Al buscar a Dios, Uzías no solo buscaba su ayuda, sino su aprobación. Desear la aprobación de Dios es la otra mitad de la búsqueda que trajo a Uzías tanta bendición durante los días de Zacarías. Aunque muchos corren a la iglesia para orar cuando están en problemas, piensan poco en tener una vida que sea agradable al Señor, en encontrar lo que le deleita. Ellos piensan de Dios como «nuestra ayuda segura en momentos de angustia» (Salmos 46:1), pero enseguida se olvidan de él cuando las crisis pasan. La verdadera búsqueda de Dios incluye buscar en la Palabra de Dios para aprender las cosas que a él le agradan. Uzías no se preocupaba mucho de qué alegraba a las personas. Como David, él estaba más ocupado en que las palabras de su boca y la meditación de su corazón fueran aceptables a Dios (Salmos 19:14). «Hizo lo que agrada al Señor» (2 Crónicas 26:4). El corazón humilde de Uzías no estaba inclinado al egoísmo pecaminoso, sino a agradar a Dios y eso fue lo que trajo el favor celestial sobre él.

RESULTADOS INESPERADOS

Al final de nuestra vida, que será lo importante, ¿cuán populares o bien nos veremos? Todos estaremos ante el Señor y será su juicio lo único importante. Por esta razón leemos repetidamente en los libros de Reyes y Crónicas que los reyes hicieron bien o mal «a los ojos del Señor». Lo que la gente sintiera o lo que otras naciones vieran no tenía ningún significado. Era el veredicto del Dios Todopoderoso el que determinaría el curso de la historia.

Buscar a Dios es un doble esfuerzo. Requiere no solo humildad al decir: «Dios te necesito», sino también un corazón que desee una vida pura que sea agradable al Señor. Mientras el rey Uzías buscó a Dios en estas dos direcciones, era imposible para alguien o algo derrotarlo.

Sería hermoso que la historia de Uzías terminara aquí, pero la Biblia es un libro auténtico. La vida de Uzías repentinamente se hundió, y la causa de esta caída es increíble.

Con la poderosa ayuda de Dios, Uzías llegó a ser muy poderoso y su fama se extendió hasta muy lejos. Sin embargo, cuando aumentó su poder, Uzías se volvió arrogante, lo cual lo llevó a la desgracia. Se rebeló contra el Señor, Dios de sus antepasados, y se atrevió a entrar en el templo del Señor para quemar incienso en el altar (2 Crónicas 26: 15-16).

El corazón de Uzías se volvió orgulloso, por lo que perdió el favor de Dios. Su arrogancia le llevó a pensar que podía hacer todo lo que quisiera, aun usurpar el rol de los sacerdotes, los únicos a quienes Dios autorizaba a entrar al Lugar Santo para quemar incienso en el altar de oro.

Es una ironía que el corazón se le haya llenado de orgullo, ¡por la bendición de Dios! Tanta ayuda recibió Uzías del Señor que se volvió muy poderoso. Comandaba un gran ejército. Tenía grandes viñedos y sembradíos, incontables ovejas y ganado, así como hombres inteligentes ayudándole; su fama se esparció por todo lugar. Pero en lugar de volverse humilde por todas esas bendiciones y agradecer a Dios por ello, Uzías comenzó a pensar que él había tenido algo que ver con todo lo que había obtenido. El rey de Judá perdió de vista lo que lo había hecho fuerte en primer lugar. Se le subió todo a la cabeza. Empezó a creer que eran *sus* talentos y *su* liderazgo o los que habían logrado tanto. Como siempre el orgullo precedió a una terrible caída.

UNA FUERTE ADVERTENCIA

La historia de Uzías es una advertencia para todos nosotros. Muchas veces he visto una historia similar desarrollarse ante mí. Una joven pareja caminaba humildemente delante del Señor y buscaba a Dios con todo su corazón. No podían pagar una buena fiesta para el día de su boda pero tenían paz y gozo en Jesús. Oraban acerca de todas las cosas: «Oh Dios, te necesitamos. Queremos que tu voluntad sea hecha en nuestra vida. Por favor, ayúdanos. Sabemos que todas las cosas buenas vienen de ti».

Al pasar el tiempo, el favor de Dios llenó sus vidas con muchas cosas buenas. Pero permitieron que la bendición de Dios desviara sus ojos del Dador; comenzaron a preocuparse por los regalos. Pronto la dulzura de su corazón se esfumó. No tenían tiempo para Dios. Se envanecieron y perdieron el toque especial de Dios en sus vidas.

Las bendiciones pueden volvernos humildes y acercarnos más a Dios, o permitir que nos llenemos de orgullo y autosuficiencia.

Cómo respondemos a la bendición de Dios hace la diferencia. Las bendiciones pueden volvernos humildes y acercarnos más a Dios, o permitir que nos llenemos de orgullo y autosuficiencia.

Miren atrás la historia de la iglesia y verán el ciclo de humildad... oración... bendición... orgullo... caída... repetidos una y otra vez. Pastores, iglesias y denominaciones comienzan con humildad una ferviente búsqueda de Dios y sus bendiciones. Pero años después, los mismos éxitos que Dios les concedió se vuelven piedras de tropiezo, provocando que se desvíen del piadoso camino al que el Espíritu Santo les dirigió al comienzo.

Dios sabía desde el principio cómo las bendiciones podrían volverse una maldición, por eso advirtió a los israelitas a través de Moisés antes de que entraran a la tierra de Canaán:

«Pero ten cuidado de no olvidar al Señor tu Dios. No dejes de cumplir sus mandamientos, normas y preceptos que yo te mando hoy. Y cuando hayas comido y te hayas saciado, cuando hayas edificado casas cómodas y las habites, cuando se hayan multiplicado tus ganados y tus rebaños, y hayan aumentado tu plata y tu oro y sean abundantes tus riquezas, no te vuelvas orgulloso ni olvides al Señor tu Dios, quien te sacó de Egipto, la tierra donde viviste como esclavo... *No se te ocurra pensar: "Esta riqueza es fruto de mi poder y de la fuerza de mis manos".* Recuerda al Señor tu Dios, porque es él quien te da el poder para producir esa riqueza; así ha confirmado hoy el pacto que bajo juramento hizo con tus antepasados» (Deuteronomio 8:11-14, 17-18).

¡Imaginen el peligro de esto! La respuesta de nuestras oraciones puede causar que nuestro corazón se vuelva orgulloso y deje de buscar humildemente al Señor.

Esta tendencia a volverse orgulloso después de recibir las bendiciones de Dios es más vieja que la advertencia de Moisés a los israelitas. Tuvo sus comienzos antes de que la tierra misma fuera creada. Lucifer era el más hermoso de todos los ángeles creados (Ezequiel 28), pero fue esa belleza, un don especial de Dios la que sublevó su corazón contra el Señor. No había diablo para que lo tentara. Fue su rebelión contra Dios lo que provocó que fuera echado del cielo, entonces se convirtió en Satanás, nuestro adversario.

Por eso, «Dios se opone a los orgullosos, pero da gracia a los humildes» (Santiago 4:6). Dios, al sentir el hedor del orgullo, recuerda el pecado que estremeció al cielo y causó una rebelión entre las huestes celestiales. La Biblia nunca dice que Él se *resiste* al borracho, al ladrón, incluso al asesino, pero *sí que se resiste* al orgulloso. Toda clase de pecado puede ser limpiado y perdonado si nos humillamos y lo confesamos al Señor, pero el orgullo tiene una cualidad diabólica que nos impide sentir nuestra necesidad de la gracia de Dios.

---

*El orgullo tiene una cualidad diabólica
que nos impide sentir nuestra necesidad
de la gracia de Dios.*

Este horrible pecado de arrogante independencia había infectado el corazón del rey Uzías, pero él estaba por aprender otra verdad de la Escritura: «Es capaz [Dios] de humillar a los soberbios» (Daniel 4:37).

CONSECUENCIAS

Mientras tontamente entraba al templo para ofrecer incienso a Dios, algo que Dios le había prohibido que hiciera, Uzías fue enfrentado por valientes sacerdotes. Le dijeron: «Salga usted ahora mismo del santuario, pues ha pecado, y así Dios el Señor no va a honrarlo» (2 Crónicas 26:18). Pero es muy raro para un corazón orgulloso atender la corrección. Después de todo, él era el rey Uzías, maestro constructor, comerciante, organizador y conquistador, famoso por todo el mundo. ¡Nadie iba a *decirle* qué hacer!

Sin embargo, el rey Uzías no tenía la última palabra. Las Escrituras dicen «esto enfureció a Uzías ... allí en el templo del Señor ... la frente se le cubrió de lepra» (2 Crónicas 26:19). Los sacerdotes lo expulsaron del Lugar Santo, pero era demasiado tarde. Uzías tuvo lepra hasta el día de su muerte. Durante muchos años fue obligado a vivir apartado de la sociedad, de la adoración en el templo, y de su familia. Aun su muerte fue lamentable. A pesar de todo lo que había logrado, no pudo ser sepultado con los otros reyes en el cementerio real. De hecho, las últimas palabras en la narrativa que le mencionan son «padecía de lepra» (2 Crónicas 26:23). El rey, cuya vida espiritual había comenzado de una manera tan hermosa, terminó perdiendo el favor de Dios, y su caída sirvió como advertencia a toda la nación de Judá. Como el rey David escribió cientos de años antes: «El Señor es excelso, pero toma en cuenta a los humildes y mira de lejos a los orgullosos» (Salmos 138:6). Jehová puede discernir claramente entre un espíritu orgulloso y un corazón humilde.

UNA ENORME IMPRESIÓN

Tenía siete años cuando un inusual hombre de Dios habló en el servicio de mitad de semana en la pequeña iglesia a la que asistían mis padres. Su nombre era Howard Goss, y nunca olvidaré la impresión que dejó en mi joven corazón. Era un hombre enorme, de cabeza rapada y con unas manos del tamaño de un guante de béisbol. Hasta entonces nunca les había prestado atención a los predicadores de la Biblia, pero este hombre capturó mi interés. Este ministro grande y gentil irradiaba algo que nunca había sentido antes.

Howard Goss no gritaba para decir lo que quería. No usaba ningún truco emocional mientras compartía la Palabra de Dios. Él simplemente explicaba las verdades de las Escrituras de una forma simple y coloquial, impartía la bendición de Dios en una forma inusual, algo que comencé a apreciar un tiempo después en mi vida.

Había estado en el ministerio unos seis años cuando visité la ciudad de Manila en las Filipinas para predicar en una gran iglesia que celebraba su aniversario. Mientras hojeaba algo en la oficina del pastor antes del culto, vi un libro escrito muchos años antes por Howard Goss. En ese momento ya había muerto, pero aún recordaba vívidamente la impresión que me causó la última vez que lo vi.

El pastor observó el libro que estaba hojeando y abruptamente exclamó:

—¿Sabes una cosa?, su hijo asiste a nuestra iglesia.

—¿Aquí en Manila? —pregunté.

—Sí, vivió alejado de Dios por muchos años, pasó por un divorcio, y terminó en las Filipinas. Está casado con una mujer filipina, y sus dos niños van siempre con él a la iglesia.

Faltaba mucho tiempo para que el servicio empezara, por lo que pregunté si podía encontrarme con él. En unos minutos entró un hombre alto, de mediana edad, el doble exacto de su padre, rapado y con enormes manos. Estaba pasmado por el extraordinario parecido. Nos sentamos y conversamos, le expliqué que estaba interesado en saber más acerca de su padre. Me contó de la conversión de su padre, del largo ministerio de predicación y de su hermoso matrimonio. Luego se franqueó aún más: «Aun cuando me alejé de Dios, nunca pude alejarme de las oraciones de mis padres. Cuanto más me alejaba, más intercedían por mí. Papá siempre estaba buscando a Dios. Muchas veces lo vi en su oficina sobre sus rodillas. Su corazón era tan sincero delante del Señor que no podía estar cerca de él cuando yo estaba viviendo tan terriblemente. Una noche él y mamá oraron por largo rato y esperaron a que yo volviera a casa después de andar de parranda. Ellos dijeron: "¡Hijo, estás volviendo al Señor! Dios nos aseguró en oración esta noche que es sólo cuestión de tiempo. ¡Aleluya!" Y tenían razón, como siempre. Huí por un largo tiempo, pero el Señor me acorraló y así fue. Rendí mi vida nuevamente a él años más tarde, y mis dos hijos ahora son dos jóvenes de Dios. Hubiera deseado que mi padre viera con sus ojos la respuesta a sus oraciones.

»Usted sabe, pastor, mi padre realmente caminaba con Dios. Era tan diferente al compararlo con otros ministros que he conocido. Él era bastante famoso en su círculo de iglesias, y todos querían que él predicara, especialmente en esas grandes campañas de verano. Era un buen escritor y se volvió un anciano estadista para una multitud de jóvenes predicadores y congregaciones. Pero todas las aclamaciones y popularidad, todas las invitaciones y cumplidos nunca lo afectaron excepto para hacerlo más humilde delante de Dios.

»Nunca olvidaré una gran campaña en Canadá cuando yo era un niño. Todos los predicadores famosos fueron invitados y la multitud era tremenda. Nuestra familia llegó un día antes, cuando los líderes estaban preparando la agenda para los oradores. Las reuniones se realizaban durante todo el día, mañana, tarde y noche, y todos los predicadores invitados querían hablar durante los cultos nocturnos cuando las multitudes eran mayores. Los predicadores merodeaban por los alrededores esperando que les designaran las mayores reuniones para predicar.

»De repente uno de los líderes preguntó dónde estaba mi padre. Estaba en lo mejor de su ministerio y era muy respetado por todos. Querían consultarle pero nadie sabía donde estaba. Finalmente escucharon que la última vez que lo vieron estaba en la cocina y en la zona del comedor, por lo que fui con ellos a buscarlo. Apenas podían creer lo que sus ojos veían al entrar a la cocina. Allí estaba mi papá apoyado en sus manos y pies ¡fregando el suelo con los otros trabajadores!

—Hermano Goss —dijeron—, ¿qué está haciendo aquí? Estábamos preparando la agenda de predicaciones y queríamos conocer sus preferencias.

—Oh hermanos —contestó mi padre—, tienen tantos predicadores buenos aquí que no necesitan preocuparse por mí. Pero encontré que aquí en la cocina hacía falta ayuda por lo que les di una mano.

Las lágrimas llenaron nuestros ojos mientras el hijo recordaba a su padre, cuyo piadoso corazón había impresionado a tantos.

—Mi papá era diferente, pastor —dijo—. Él era auténtico. Su corazón era tan humilde delante del Señor que tenía un poder especial en la oración y la predicación. El Señor estaba realmente con mi papá.

Un corazón humilde es como un imán que atrae el favor de Dios hacia nosotros.

Dios puede estar con usted y conmigo de la misma manera si caminamos con corazones humildes delante de él. Así como el orgullo nos aleja de la bendición del cielo y de seguro precede al fracaso, un corazón humilde es como un imán que atrae el favor de Dios hacia nosotros. El Señor realmente habita en algunas personas de manera especial. Está ahí por el lugar de descanso que le han dado en sus corazones humildes. Es una especie de favoritismo divino verificado por la Palabra de Dios. El Señor dice: «El cielo es mi trono, y la tierra, el estrado de mis pies. ¿Qué casa me pueden construir? ¿Qué morada me pueden ofrecer? ... Yo estimo a los pobres y contritos de espíritu, a los que tiemblan ante mi palabra» (Isaías 66:1-2).

Humillemos nuestro corazón delante del Señor y busquemos su ayuda y aprobación sobre todas las demás cosas. Luego, por su gracia, experimentaremos personalmente la asombrosa potencia de su poder mientras nos rodea con sus bendiciones y favor. Dios va a obrar de acuerdo con su promesa: «Humíllense, pues, bajo la poderosa mano de Dios, para que él los exalte a su debido tiempo» (1 Pedro 5:6).

Padre, ayúdanos a ser humildes delante de ti. Sálvanos del orgullo y la arrogancia que nos separan de tu mano de bendición.

Enséñanos a caminar suavemente cada día delante de ti y a no perder la visión de tu grandeza y de nuestra necesidad. Amén.

CUATRO

UNA MIRADA HACIA ARRIBA

Todos los martes por la noche en el Tabernáculo de Brooklyn, conducíamos el servicio más importante de la semana, nuestro encuentro de oración. Nosotros, los pastores, lo esperábamos más que nada en todo el calendario de la iglesia. El edificio estaba tan lleno de gente que tuvimos que usar la plataforma, el estrado del coro, la recepción y la habitación de descarga para que todos cupieran. Generalmente la gente en esos servicios no encuentra asiento, por lo que se queda de pie durante toda la reunión, donde reina la adoración, la oración, las peticiones y la intercesión. Cuando lo piensas, hay mucho por qué orar, y hay un Dios en el cielo cuyo oído está siempre atento para escuchar el clamor de su gente.

La banda de oración del Tabernáculo de Brooklyn nos ayuda cada martes. Fue fundada por el pastor Keneth Ware, uno de mis asociados. Esta se dedica a llevar peticiones de oración de toda la ciudad, del país y de todo el mundo al trono de gracia. El Pastor Ware ha sido usado por Dios para inspirar a miembros de nuestra congregación a entregarse a su vital ministerio. Cada hora de cada día del año, la banda de oración intercede en nuestra habitación de oración. Ellos en forma voluntaria cumplen un horario rotativo para que cada pedido de emergencia sea respondido inmediatamente, día o noche.

Durante el servicio de los martes en la noche, los miembros de la banda se sientan todos juntos como un pequeño ejército en el estrado del coro detrás de mí, listos para servir al pastor y a la congregación. El servicio termina de forma informal ya que nosotros incentivamos a la gente a quedarse orando todo el tiempo que quiera. La persona que se tiene que ir lo hace, pero todos saben que el edificio estará abierto todo el tiempo necesario, incluso si una persona quiere puede unirse a la banda de oración durante sus turnos de la noche.

Durante estos «ratos después del servicio», regularmente me siento con la banda de oración y esperamos delante del Señor. Cada semana trae nuevos retos, por eso necesito hablar con Dios sobre muchas cosas. En muchos de los servicios de oración, guío a la congregación en la oración por otros. Después, trato de enfocarme en mis propias necesidades.

Hace como dos años atrás me senté en medio de los miembros de la banda de oración y le pedí a cinco o seis de ellos que oraran por mí. Mientras abría mi corazón al Señor, ellos gentilmente ponían sus manos en mis hombros. Después de un rato, escuche una voz femenina que estaba intercediendo por mí.

Mientras la mujer comenzaba a orar, pude discernir que todo su corazón estaba puesto en ello y el Espíritu Santo la estaba ayudando. Su oración era ardiente, valiente y escritural. Ella citaba promesa tras promesa de la Palabra de Dios. Mientras continuaba orando comenzó a pedirle al Señor que me ayudara y fortaleciera en áreas que nadie podía conocer excepto Dios y yo. Parecía leer justo dentro de mi corazón y mi vida, mientras rogaba, pidiéndole a Dios que ayudara a este hombre débil que era su pastor. Lloré mientras ella nos guiaba al trono celestial, donde Dios tan prontamente proveyó su misericordia y gracia.

¿Quién es esta mujer que ora con tanta fe y discernimiento espiritual?, me pregunté. No reconocí su voz y nunca miré alrededor para ver quién era. Durante las semanas siguientes la misma situación se repitió dos veces. Un grupo a mi alrededor estaba orando cuando de repente la misma voz intercedía. Era como si ella no pudiera detenerse. No conozco a todos los miembros de la banda de oración personalmente, pero al final descubrí a quién estaba usando Dios para bendecirme, era una mujer afroamericana, alta, delgada, promediando treinta años. Su nombre era Silvia Glover.

Si tu espalda estuviera contra la pared querrías que Silvia estuviera en tu rincón clamando al cielo.

Usted se puede estar preguntando qué clase de raíces espirituales debía tener una guerrera de oración como Silvia. ¿A qué seminario bíblico asistió? ¿Es una misionera que aprendió a orar en forma efectiva y ferviente después de muchos años de dedicación al ministerio? ¿Cuántos años de Escuela Dominical y de cultos se necesitan para formar una mujer que es tan poderosa en la oración? Si tu espalda estuviera contra la pared, créeme que querrías que Silvia Glover estuviera en tu rincón clamando al cielo. Pero, ¿de dónde vino esta mujer y cómo llegó a ser la guerrera de oración que es hoy día?

TRATANDO DE SOBREVIVIR

Silvia nació en Brooklyn, eran cinco hermanos, de los cuales dos eran niñas, siendo ella la menor. Atraída por su padre al principio parecía que siempre iba a estar junto a él, hasta que creció lo suficiente y se dio cuenta de todas las mujeres que estaban alrededor de él. El abuso verbal formó parte de su infancia que estaba llena de violencia, las observaciones hirientes de su padre causaron un dolor que entró profundamente en el joven corazón de Silvia.

La desagradable situación del hogar llevó a su hermana al aislamiento y al silencio, pero a ella la llevó a las calles. «Mi madre estaba obligada a trabajar y nadie estaba para vigilarnos en la noche», recuerda Silvia. «Fue ahí cuando comenzaron las fiestas y comencé a tomar cerveza, aun cuando yo tenía doce o trece años. Fui al primer club nocturno a los catorce años incluso cuando estaba prohibido para menores de veintiuno. Con mi altura lo único que necesitaba era un vestido corto y mucho maquillaje para poder entrar.

»Aunque podía entrar en los clubes, me sentía tan sola allí que no sabía qué hacer. Mi autoestima era muy baja, hablaba solo con los amigos que conocía. Si un extraño se aproximaba me encerraba como una almeja y nunca decía una palabra. Yo era extremadamente tímida y los pensamientos de rechazo me aterrorizaban».

Pero cuando Silvia se llenaba de alcohol se transformaba en otra persona: salía, era amigable y audaz. Pronto comenzó a fumar marihuana y a estar con traficantes de drogas de bajo nivel, vendedores de esquinas de los que había por docenas.

Empezó a faltar a tantas clases que fue un milagro que se graduara de la escuela secundaria. Generalmente la policía la escoltaba hasta la escuela después de encontrarla sin hacer nada en el vecindario. «Hacer nada» se había convertido en la actividad central de Silvia en la vida.

Fuertemente envuelta en los clubes todas las noches, hizo algunos nuevos amigos que eran rastafarianos (miembros de una secta religiosa que se originó en Jamaica) y también con importantes vendedores de drogas.

Silvia se convirtió en una rastafariana a la edad de veinte años, lo que la sumergió más profundamente en las drogas. Durante los encuentros religiosos de los rastafarianos, ella fumaba una marihuana especial, la mejor que había probado. Los rastafarianos creen que drogarse es la mejor forma de acercarse a Dios. Bajo esta influencia, también se graduó en marihuana, cocaína y otras drogas. Ella era abastecida con lo que quisiera sin cargo por una serie de novios que distribuían grandes cantidades.

Para este momento, Silvia había abandonado su casa. La esquina del parque Washington en el bajo Manhattan se volvió su lugar habitual. Los drogadictos y los criminales, las únicas personas que ella sentía que podían aceptarla, se volvieron su destructiva nueva familia y su «grupo de apoyo».

Aprendió cómo robar tiendas y se volvió una profesional en esto. De hecho, trabajaba en esos negocios para aprender cómo burlar los sistemas de seguridad. Vendía fraudulentamente y se quedaba con el dinero. Cuando se acercaba la época del inventario cambiaba de trabajo. Ella ni siquiera necesitaba la plata. Sus novios le daban todo lo que ella necesitaba, algunos le daban mil dólares por día solo para llevar a la universidad, pero el robo de tiendas la ayudaba a sentirse más aceptada por sus nuevos amigos.

«Por dentro estaba totalmente insegura», recuerda Silvia. «Había levantado una pared para mantener a todo el mundo alejado. Ninguna amistad significaba algo para mí. Nadia se iba a acercar a mí para herirme como lo había hecho mi padre. Me estaba volviendo muy dura por dentro y solo el alcohol conseguía relajarme. Solo cuando tomaba me sentía libre para expresarme. Todas las mañanas empezaba con cerveza, vino barato, luego con *Hennessy* o *Absolut*. Necesitaba todo eso para apenas sentirme "bien"».

»Iba a la universidad pero no tenía como meta educarme. Estaba más interesada en que el mayor traficante de drogas fuera mi novio. Estaba realmente loca, porque la violencia asociada a estas personas se acercaba cada vez más a mí. Muchos de mis amigos ya habían muerto por la violencia de la droga, pero yo sentía que nunca me alcanzaría. Una de mis amigas que tenía veintiún años y estaba embarazada se encontraba en el lugar equivocado en el momento equivocado. Le dispararon en la cabeza y luego en el estómago. Después mataron a sus dos niños. Yo estaba triste pero no podía ni siquiera ir al funeral, ya que es allí donde se producen los mayores tiroteos entre las bandas».

Silvia pasaba de un novio a otro. Ella solo tenía citas con traficantes de drogas y algunos de sus novios ¡le daban hasta mil dólares por día para que gastara! Uno de ellos se violentó con ella, pero Silvia se defendió con su llavero, el cual tenía una navaja. Rompió esa relación dándose cuenta de que si no lo hacía alguien iba a salir lastimado.

La vida de Silvia se volvió una rutina de cambiar de escuelas, trabajos y novios. Desde el día de acción de gracias hasta enero de cada año, luchaba contra profundas depresiones y aun pensamientos de suicidios. Se preguntaba: «¿De esto se trata la vida? ¿De drogarse y robar?» El pecado la estaba arrastrando como una mortal resaca. Ella dice: «Mi vida se volvió un desastre. Una gran tienda me buscaba por haber robado en ella. Robé las tarjetas de crédito de mi papá y las sobrecargué. Mi nuevo novio estaba casado y tenía un hijo, pero a mí no me importaba. Algunas veces su esposa iba a las fiestas y estábamos todos ahí reunidos. No importaba. Todos sabían que ella era su esposa, pero que yo era su chica». En esa época sus padres se divorciaron, lo que la convenció de que el matrimonio no servía y de que era mucho mejor vivir juntos y después separase antes de matarse uno al otro.

Silvia trataba de actuar como si todo estuviera bien. Para poder conseguir trabajo, en las entrevistas escondía sus rastas (el estilo de peinado entre los rastafaris), de otra manera no los podía obtener. Consiguió un puesto en una firma de inversiones en la bolsa que la llevó a involucrarse con los bares de Wall Street que funcionan después de las horas de trabajo. Para Silvia simplemente era más de lo mismo.

«Mi gerente en la empresa fue la primera cristiana que conocí. Estaba tan llena de gozo que una vez le pregunté "¿qué estás fumando?, ¡porque es mejor que lo que yo estoy usando!" Ella era miembro del coro del Tabernáculo de Brooklyn y comenzó a orar por mí. Me sentía insultada cuando me invitaba a la iglesia. Pensaba que la podía convertir a mi estilo de vida antes que ella me convirtiera al suyo. El vicepresidente se preguntaba por qué hablaba y se mostraba amigable con una persona tan salvaje y profana como yo.

»Luego sucedió que mi novio le disparó a alguien y, antes que dejara la ciudad para irse a Baltimore a realizar un negocio con las drogas, me pidió que enterrara el arma. Hice lo que él me pidió pero lo arrestaron y seguramente iba a pasar un largo tiempo en la cárcel. Estaba cansándome mucho de lo que yo llamaba mi vida. El vacío dentro de mí parecía gritar: *¿Cuándo alguien me va a amar? ¿Cuándo la vida tendrá algún sentido?*»

> *«El vacío dentro de mí parecía gritar.*
> *¿Cuándo alguien me va a amar? ¿Cuándo la*
> *vida tendrá algún sentido?»*

Este fue el punto de quebrantamiento para Silvia. «Finalmente accedí a ir a la iglesia con mi gerente, aunque le advertí que probablemente ¡el edificio se derrumbaría cuando yo entrara! Dios y yo no pegábamos, o por lo menos eso pensaba. Un domingo entré al Tabernáculo Brooklyn, una rastafariana con un turbante en la cabeza. Vi a una chica llamada Pam, a quien conocía de los escenarios de un bar. Pensé que si ella estaba en la iglesia no debía ser tan mala. Me senté en el balcón y disfruté de la música del coro, después era el tiempo del sermón.

El pastor Cymbala comenzó a predicar sobre el amor de Dios y pronto yo estaba llorando. Sabía en mi interior que lo que él estaba diciendo era lo que yo necesitaba, lo que había buscado durante toda mi vida. Cuando hizo la invitación para recibir a Cristo me puse de pie. La amiga que me había invitado estaba tan asombrada que exclamó: «¿Qué estás haciendo?» «¿Sabes lo que esto significa?» Le dije: «Sí, voy a vivir para Jesús por el resto de mi vida». Caminé hacia el altar y ese fue el final de mi vieja vida y el comienzo de una Silvia Glover completamente nueva».

Silvia dejó de ir a clubes, se separó del novio que tenía y dejó de cometer crímenes.

Su apariencia exterior cambió tanto debido a su transformación interior que sus amigos lo notaron inmediatamente. Era evidente para todos que ella era una nueva criatura en Cristo Jesús. Tan fervientemente como había servido a Satanás y al pecado, Silvia rindió de todo corazón su vida a la cosas del Señor. Ella estaba dispuesta a ir a cualquier parte y hacer cualquier cosa por su nuevo Maestro. ¿Quién otro más que Jesucristo podía adoptar una vida tan caótica y transformarla en una vida de virtud y excelencia espiritual?

Estaba lleno de agradecimiento al conocer la historia de esta guerrera espiritual que diariamente nos sostenía a Carol y a mí delante de Dios en oración.

Aunque Silvia habla muy bien en público, su ministerio real es la oración, de lo que fuimos testigos durante las reuniones en el Tabernáculo de Brooklyn durante esos martes a la noche. Es una vergüenza que muchas iglesias hayan dejado de buscar o apreciar este don espiritual de Dios. Un corazón que ora y una iglesia que se entrega a la comunión con el Señor, estos son dos grandes secretos que traen la bendición de Dios sobre la tierra de manera indescriptible.

UNA VISITA ESPECIAL

Silvia me recuerda a Ana, otra mujer que tenía un corazón para la oración. La Biblia dice que Ana, al igual que Silvia, vivía en un hogar lleno de turbación. Era una de las dos esposas de Elcana. Aun cuando Ana era la esposa favorita, este honor se opacaba porque no podía tener hijos. Empeorando las cosas la otra esposa de Elcana, Penina, tenía varios hijos y una desagradable personalidad. La Biblia nos dice: «Su rival, solía atormentarla [a Ana] para que se enojara» (1 Samuel 1:6). Esta era una situación que podría llevar a una persona al límite.

Todos los años Ana iba a la casa del Señor en Silo. Este se suponía que era un tiempo de alabanza y gratitud para los israelitas, pero, acompañada por su inusual y contenciosa «familia», Ana experimentó algo muy diferente. Su rival la atormentó aun más cruelmente hasta que lloró y no podía ni siquiera comer. Esto sucedió año tras año.

Todas las lágrimas y la desesperación de Ana no podían hacer nada para cambiar su vida. Pero un día en Silo, Ana hizo algo que no solo iba a cambiar su situación, sino que también cambiaría el curso de la historia de Israel. «Una vez, estando en Silo, Ana se levantó después de la comida» (1 Samuel 1:9). Después de años de provocación, burla y amargura del alma, Ana se levantó y fue a la casa de Dios. Estando allí hizo lo único que podía cambiar su vida por completo. «Con gran angustia comenzó a *orar al Señor* y llorar desconsoladamente» (1 Samuel 1:10). Antes había derramado muchas lágrimas de lástima por sí misma, pero ahora algo diferente estaba sucediendo. Ella derramó su alma delante del Señor. Presentó delante de él su dilema y la oposición que enfrentaba.

Esta no es la clase de oración que practicamos o solemos escuchar. «Ana *oraba en voz baja, no se podía oír su voz*» (1 Samuel 1:13), y ahí radica la diferencia. Su oración no era el resultado de sus propias ideas. Era mucho más que eso. Era el derramamiento delante de Dios de todo lo que su asediado corazón tenía. Y cuando cualquier corazón necesitado comienza a orar realmente, el cielo mismo se mueve para responder este clamor de ayuda. La historia de Ana no es un melodrama o fanatismo emocional, es Escritura inspirada que nos enseña el poder de un corazón que presenta su caso delante del Señor.

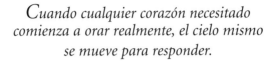

Cuando cualquier corazón necesitado comienza a orar realmente, el cielo mismo se mueve para responder.

Cuando Ana derramó su alma, se conectó con los recursos del Todopoderoso. Hasta ese momento, no consta que ella tuviera la fe de pedirle a Dios que cambiara su situación. Pero cuando ese día en Silo se levantó y fue a orar, su vida cambió para siempre.

En respuesta a la sincera oración del corazón de Ana, Dios le dio un hijo, a quien llamó Samuel. Como sabía que el hijo vino como respuesta de Dios a su oración, ella lo dedicó para el servicio en el templo. Ese niño creció adorando en la casa del Señor y luego llegó a ser un gran profeta en la tierra de Israel. Su influencia espiritual se levanta en agudo contraste con los oscuros días que relata el libro de los Jueces, cuando «cada uno hacía lo que le parecía mejor» (Jueces 21:25).

Dios usó a Samuel para cambiar la historia de toda una nación (1 Samuel 4:1), pero eso no debería ser una sorpresa. Samuel no era el producto de Ana y su esposo; era el producto de la respuesta divina a un corazón que se derramó en oración delante del Señor. (Dicho sea de paso, Dios bendijo la vida de Ana con cinco niños después de concebir a Samuel.)

VIDAS ESTÉRILES, IGLESIAS MARCHITAS

Elí, el sacerdote a cargo de la casa de Dios en Silo, simbolizó la triste condición espiritual de las cosas en Israel. Estaba tan acostumbrado a los malos hábitos que interpretó mal la silenciosa, pero intensa oración de Ana ¡pensando que estaba borracha! Qué similar a los establecimientos religiosos de hoy día. Muchos líderes de la iglesia organizan para la iglesia toda clase de actividades en lugar de reuniones de oración. Toleran cualquier cosa antes que alguien derrame con fervor su corazón a Dios en una reunión. Desean que todo sea pulcro, organizado y programado al minuto. Da temor que tan pocas iglesias tomen a Dios en serio cuando declara que su casa debe ser llamada casa de oración (Isaías 56:7; Mateo 21:13). ¡Dios quiere recordarnos que *nada* en la tierra o en el infierno pueden sostenerse contra el hombre o la mujer que clama en el nombre del Señor!

Luego de escribir mi primer libro *Fuego vivo, Viento fresco,* me sentí aturdido por una crítica dirigida a mí. Un líder religioso desmereció nuestras reuniones de oración de los martes en la noche y el ministerio de personas como Silvia Glover por no tener nada que ver con las bendiciones de Dios en nuestra iglesia o sus respuestas a nuestros pedidos de oración. Su argumentación fue: «¿Cómo pueden simples hombres influir a un Dios soberano? ¿Cómo pueden las frágiles oraciones humanas mover la mano del Creador del universo? Dios va a hacer lo que él desee, por lo tanto olvídense de relacionar la actividad de Dios a las oraciones de su pueblo». ¡Dios quiere recordarnos que *nada* en la tierra o en el infierno pueden sostenerse contra el hombre o la mujer que clama en el nombre del Señor!

¡Por eso no es extraño que haya tantas vidas estériles e iglesias marchitas a través de la nación y del mundo! Si esas aseveraciones son verdaderas mejor desechemos nuestras Biblias, porque las Escrituras continuamente nos alientan a que abramos nuestro corazón a Dios en oración para que pueda contestarnos y proveernos las bendiciones que desesperadamente necesitamos. Él promete: «Invócame en el día de la angustia; yo te libraré y tú me honrarás» (Salmos 50:15). El rey David se enfrentó a toda clase de oposición y problemas, pero él sabía una cosa: «Invoco al Señor, que es digno de alabanza, y quedo a salvo de mis enemigos» (2 Samuel 22:4). David confiaba en esta promesa: «El Señor me escucha cuando lo llamo» (Salmos 4:3) y proclamaba: «En el día de mi angustia te invoco, porque tú me respondes» (Salmo 86:7).

Pero si no tenemos corazones que claman a él, perdemos la liberación. «No tienen porque no piden» (Santiago 4:2), es probablemente el comentario más triste sobre una vida, especialmente la vida de un cristiano. Imaginen qué tragedia, Dios queriendo hacer algo para ayudarnos y fortalecernos, pero siendo impedido *por su propia ley* de pedir y recibir.

Creo que es más sabio para nosotros edificar nuestra vida en la segura Palabra de Dios y en la propia experiencia de David que en la teología del cinismo y la incredulidad.

ESCUCHA LAS EMOCIONES DE TU CORAZÓN

¿Estás atravesando un tiempo de dificultades? Como Ana, ¿has intentado todo menos orar a Dios y encontraste hasta ahora confusión y desesperación? ¿Qué sucedería si volvieras tu corazón hacia el cielo y dejaras todo lo que tienes en él delante del Señor? No necesitas palabras imaginativas ni frases religiosas. Solo cuéntale a

Dios las cosas como en verdad son. Deja que tu corazón hable. Tu situación puede que no sea como la de Silvia Glover, pero Dios contestó su sencilla oración de liberación, por tanto, ¿qué hará él por ti?

No necesitas palabras imaginativas ni frases religiosas. Solo cuéntale a Dios las cosas como en verdad son.

Hay una pregunta más que me gustaría hacer. Mientras leía la historia de Silvia, ¿sentía el mover del Espíritu dentro de usted? Posiblemente el ministerio de oración que Dios le ha dado a ella es la misma cosa que usted se ha sentido llamado a hacer. Puede que no sea pastor, maestro o un dotado músico, pero ese deseo de interceder por otras personas en necesidad produce un santo entusiasmo dentro de usted.

Puede haber estado huyendo de este llamado o negándolo por años. Pero hoy puede ser el momento de dar un giro a su vida. Olvide los fracasos del pasado, y entregue su corazón a la oración de manera que el Señor pueda usarlo para traer bendición a otros como nunca imaginó. Si Dios pudo usar a una Ana quebrantada de corazón para cambiar una nación, ¿qué hará a través de usted? Y si un corazón violento y endurecido como el de Silvia pudo ser transformado en una moderna Ana, entonces ninguna excusa debería retenernos de recibir lo mejor de Dios para nuestra vida.

En este momento su oído está abierto para el clamor de su corazón.

Señor, traemos nuestras cargas y las heridas del corazón a tu trono de gracia. Has prometido ayudarnos en los momentos de problemas y necesidades. Descansamos en tu Palabra y echamos todas estas cargas sobre ti. Obra en nuestro beneficio para que los demás puedan asombrarse de tu poder y de la fidelidad de tu amor. En el nombre de Cristo, Amén.

CINCO

EL PODER DE
LA TERNURA

Durante mi segundo año en la Universidad de Rhode Island, comencé a jugar para el equipo universitario de baloncesto. El equipo tenía algunos jugadores talentosos e hicimos una gran demostración ya desde nuestro juego número veintiséis.

A mediados de diciembre teníamos programado jugar algunos partidos en el Gimnasio Keaney en los hermosos jardines universitarios de Kingston, Rhode Island.

La primera noche derrotamos a la Universidad St. John. Estaba contento de que dos amigos de Nueva York me estuvieran visitando, Wayne y Ricardo. Ellos me alentaron tanto a mí como al equipo en los momentos más duros del partido. La noche siguiente nuestro rival era la

Universidad Brow, una escuela que también estaba en Rhode Island. Esperábamos que este partido fuera más fácil que el anterior.

Partimos temprano para tener suficiente tiempo para vestirme y prepararme para el partido. Estaba apenas nevando cuando subimos al Volkswagen 1963 de Ricardo y nos dirigimos por el camino que bordeaba mi dormitorio. El carro que estaba delante como a unos cien pies de distancia se detuvo, como correspondía en una intersección. Repentinamente aceleró en reversa hacia donde estábamos. ¡Se dirigía directo hacia nosotros! Aun con las mejores condiciones climáticas Ricardo no hubiera tenido tiempo de apartarse. Me agache rápidamente y me cubrí en el asiento de atrás cuando veía venir la colisión.

La parte trasera del auto sin control nos impactó con tremenda fuerza. Los vidrios volaron por todas partes. La fuerza del impacto empujó los asientos delanteros hacia atrás contra mi espinilla con tal fuerza que aún tengo un pequeño hoyo en la tibia de mi pierna izquierda.

Tuve suerte comparado con Wayne, que estaba sentado del lado del acompañante. Los vidrios lo bañaron y su rostro estaba sangrando. Los tres salimos del auto y fuimos hacia el auto que nos había chocado. Llegué primero y abrí la puerta del conductor. Lo que vi no me ayudó a salir del asombro.

El joven conductor estaba desplomado sobre el volante, inconsciente. Junto a él, una joven estudiante, evidentemente conmocionada, miraba hacia el frente con una mirada vidriosa. No me respondió cuando le hablé, aun cuando le pregunté si la podía ayudar. Sin pensar en los procedimientos médicos correctos traté de sacar al conductor del auto. Mientras ponía mis brazos alrededor de sus hombros y cuello, trató de decir algo y cayó sobre mí. Literalmente murió en mis brazos.

La estudiante no dijo una palabra ni me miró durante todo el tiempo que estuve con ella. Luego supe que el conductor era su padre y que había venido a buscarla para pasar la Navidad en su casa. Sufrió un ataque al corazón al parar en la señal. Al caer hacia delante, simultáneamente colocó la reversa y apretó el pedal con su pie.

Los estudiantes corrieron hacia el lugar del accidente y me dijeron que llamarían a la policía del campus, entonces me volví hacia mis amigos. Wayne tenía su cara ensangrentada; Richard estaba un poco mejor. Alguien nos pidió que lleváramos a Wayne a la enfermería que estaba a menos de cien yardas. Mientras nos

apresurábamos por la nieve alguien le acercó a
Wayne una prenda para que limpiara su rostro
ensangrentado. Ricardo tenía algunas heridas y
yo estaba cojeando ligeramente por el golpe que
recibí en el impacto. Los tres juntos debíamos
dar una tremenda impresión.

La enfermería del campus en URI a mediados de los sesenta no era exactamente una
obra de arte de las salas de emergencia o de los
centros traumáticos. En realidad, solo una joven
estudiante de enfermería estaba esa noche; la
enfermera habitual se había tomado el día.
Nunca olvidaré la primera reacción de la enfermera cuando nos vio atravesar la puerta. Nuestros sentidos estaban un poco aturdidos por el
impacto del accidente; Wayne tenía sangre por
todas partes, y nos salpicó a Richard y a mí.
Cuando la estudiante de enfermería levantó su
vista para ver de qué se trataba toda la con-
moción, soltó un grito agudo que nos hizo comprender que no estábamos tratando con una
madura y experimentada Florencia Nightingale.
Parecía aterrorizada. Por un momento pensé que
ella iba a necesitar atención médica. Gracias a
Dios, se calmó y tomó control de la situación.
Nos examinó por turno, comenzando con
Wayne, y curó nuestros heridas. Podíamos
escuchar las sirenas mientras una ambulancia

llevaba rápidamente al hombre y a su hija a un hospital cercano.

Emocionalmente agotado y golpeado, contesté las preguntas de un oficial de policía antes de volver a mi habitación para cambiarme de ropa. Traté de llegar al campo de juego antes de que comenzara el partido, pero no iba a ser de mucha ayuda para mi equipo esa noche. Hice lo mejor que pude a pesar del entumecimiento mental, emocional y físico que me afectaba. Seguí pensando en el padre y la hija. Varias veces derramé lágrimas. Seguía viendo el rostro del hombre después de morir... los ojos vidriosos de ella... pero tenía que enfocar mis pensamientos y emociones en el partido de baloncesto.

Ganamos el partido, y Richard, Wayne y yo, nos recuperamos y nuestras vidas siguieron adelante. Fue definitivamente una noche para recordar, o tal vez para olvidar, en Kingston, Rhode Island. De forma repentina me había enfrentado con la muerte... y la oportunidad de tratar de ayudar a la conmocionada hija. La estudiante de enfermería también enfrentó una situación en la que las personas necesitaban cuidados de emergencia. Afortunadamente, después de la impresión inicial, actuó con profesionalismo e hizo lo mejor que pudo con cada uno de nosotros.

*La manera en que respondemos a la
gente y a los sucesos, especialmente durante
una crisis, revela mucho de
lo que en realidad somos.*

Como ilustra esta historia, la manera en que
tú y yo respondemos a la gente y a los sucesos,
especialmente durante una crisis, revela mucho
de lo que en realidad somos. Y en ningún otro
lugar esto es más verdad que en nuestra relación
con Dios. Aunque un corazón sensible nos hace
vulnerables en otros aspectos de la vida, es
esencial y nos guía a grandes bendiciones cuando
estamos tratando con el Señor. De hecho, el frío
profesionalismo mecanizado que tanto se admi-
ra en muchos lugares de trabajo nos puede meter
en problemas en el reino de la vida espiritual. Las
Escrituras nos advierten acerca de una corazón
para el Señor que esté encallecido, insensible y
duro. Nunca debemos dejar de *sentir* las cosas
mientras servimos a Cristo. Nuestra ternura en la
respuesta a cosas como el amor de Dios, nuestros
pecados, y las necesidades de los demás se
agudizará mientras crecemos en nuestra relación
con el Señor. Esta es una de las señales de una
vida devota y piadosa.

CAMBIANDO EL CURSO

Si buscamos en el diccionario bíblico la palabra *tierno* junto a ella veremos la figura del rey Josías. Tenía solo ocho años cuando ascendió al trono de Judá en lugar de su padre el malvado Amón. Durante los reinados de su padre y de su abuelo, Manasés, la nación experimentó más de medio siglo de una casi inquebrantable idolatría desde el trono real. En lugar de reinar con rectitud, estos dos reyes siguieron casi todas las detestables prácticas paganas de las naciones que Dios había arrojado de la tierra. El trono de Judá descarrió a la gente. En todas partes había evidencias de idolatría e inmoralidad. Jerusalén estaba manchada de los altares de Baal y de los postes de Asera, y el pueblo escogido de Jehová sacrificaba a estas abominaciones. Aun los niños eran ofrecidos en el fuego como sacrificios vivientes. La hechicería, la adivinación y la magia eran practicadas tanto por el rey como por la gente común. Ni siquiera el templo de Salomón fue intocable. Fue profanado con imágenes talladas y toda clase de blasfemias.

En este pantano moral y espiritual, Josías, a la edad de ocho años, fue puesto como rey. A los ojos humanos parecía que no había esperanza para una reforma espiritual; la nación estaba soportando un tiempo de espera antes del que el juicio de Dios cayera. Las Escrituras revelan que algo inusual ocurrió, algo totalmente inesperado.

> «En el *año octavo* de su reinado, siendo aún muy joven, Josías comenzó a buscar al Dios de su antepasado David. En el *año duodécimo* empezó a purificar a Judá y a Jerusalén, quitando los santuarios paganos, las imágenes de la diosa Asera, y los ídolos y las imágenes de metal fundido. En su presencia fueron destruidos los altares de los baales y los altares sobre los que se quemaba incienso; también fueron despedazadas las imágenes para el culto a Asera, y los ídolos y las imágenes de metal fundido fueron reducidos a polvo, el cual fue esparcido sobre las tumbas de los que les habían ofrecido sacrificios. Quemó sobre los altares los huesos de los sacerdotes, purificando así a Judá y a Jerusalén» (2 Crónicas 34:3-5).

¿Qué sucedió? Rodeado por la idolatría y la corrupta organización religiosa, Josías, con solo dieciséis años, arremetió contra la corriente maligna que daba vueltas alrededor de él y de la nación, y comenzó a «buscar al Dios de su antepasado David». El rey David había muerto hacía cientos de años, pero de alguna manera Josías anheló los caminos espirituales del rey cuyo corazón era conforme a Dios. ¿Estaría Josías consciente de qué inspiraba su anhelo de Dios? ¿Sería la pequeña y tenue voz del Espíritu o era la voz de alguno de los profetas lo que movió el corazón de Josías? No lo sabemos con certeza, pero por alguna razón el joven rey comenzó un peregrinaje espiritual que afectaría a toda la nación de Judá.

Después de buscar a Dios por cuatro años, Josías, con veinte años, se volvió sensible contra la idolatría abominable que atravesaba a Judá y realizó una acción muy importante. Durante los años siguientes, recorrió la tierra a lo largo y a lo ancho en una acción de búsqueda y destrucción. Todo lo que estaba asociado con la adoración pagana fue desmantelado y destruido. Tenía tal ahínco en sus convicciones que aun se aventuró al norte, a las tribus de Israel, liberando celosamente la tierra de la idolatría que la había contaminado por tanto tiempo.

A la edad de veintiséis años Josías concentró su atención en otras cosas que preocupaban a su sensitivo corazón espiritual. Aunque mucho se había hecho, el templo de Jehová estaba sin reparar. El pueblo por años había dejado de celebrar las tradiciones religiosas. Entonces el Rey Josías mandó gente para reparar el templo y ordenó a los levitas que recaudaran fondos para financiar la extensa y muy necesaria renovación de la casa de Dios.

Solo podemos imaginar la agitada actividad: obreros moviendo rocas y escombros, los carpinteros cortando madera para ser usada en las vigas, los levitas dando órdenes, carros con suministros subiendo por el camino, y los escribas inventariando.

EL DESCUBRIMIENTO

Mientras se realizaba la reconstrucción, «el sacerdote Jilquías encontró el libro de la ley del Señor, dada por medio de Moisés» (2 Crónicas 34:14). Él entregó las Escrituras a Safán, el secretario, quien las leyó al rey.

¡Esto es difícil de creer! Josías promediaba sus veinte años y ¡nunca antes había leído el Libro de la Ley! Las Escrituras probablemente se perdieron en el abandonado templo por décadas. Hasta este momento toda su búsqueda de Dios la hizo sin el beneficio de las Santas Escrituras dadas por Moisés.

Al mirar esta historia con más detenimiento descubrimos que Safán no tenía idea de la importancia del Libro de la Ley, porque ni siquiera mencionó lo ocurrido al rey Josías hasta el momento de informarle de los avances en la renovación del templo. En ese momento dijo que: «Hilcías le había entregado un libro» (2 Crónicas 34:18). Observen que dijo «un libro» como si se tratara de algún manuscrito extremadamente viejo de la biblioteca de Jerusalén. El rey, no obstante, tuvo una respuesta muy diferente para ese libro.

El tierno corazón de Josías se conmovió cuando la Ley del Señor fue leída ante él. «Cuando el rey oyó las palabras de la ley, se rasgó las vestiduras ... "Vayan a consultar al Señor por mí y por el remanente de Israel y Judá. Sin duda que la gran ira del Señor se ha derramado contra nosotros porque nuestros antepasados no tuvieron en cuenta su palabra, ni actuaron según lo que está escrito en este libro"» (2 Crónicas 34:19-21).

Por primera vez Josías se dio cuenta de todas las promesas que se habían perdido por causa de la infidelidad espiritual.

Hasta ese momento Josías había seguido la limitada luz espiritual que tenía. Pero ahora, como un tremendo resplandor de pura luz solar invadiendo una habitación oscura, las verdades de Dios entraron en su mente y en su alma. Por primera vez el rey comprendió en toda su extensión el mal que se hizo, cómo se pisotearon por décadas los mandamientos de Dios. Por primera vez Josías se dio cuenta de todas las promesas que se habían perdido por causa de la infidelidad espiritual. Por primera vez vio la justicia divina pendiendo como la espada sobre un pueblo que innumerables veces le había dado la espalda a Jehová. Ahora él sentía que necesitaba una palabra del Señor con relación a lo que debía hacer en ese momento tan crítico.

PALABRAS PROFÉTICAS

Obedeciendo inmediatamente la orden del rey, los oficiales buscaron a una profetisa llamada Hulda que vivía en Jerusalén. Su respuesta profética contiene una verdad que es vital para nuestro propio progreso espiritual:

«Así dice el Señor, Dios de Israel:

"Díganle al que los ha enviado que yo, el Señor, les advierto: 'Voy a enviar una desgracia sobre este lugar y sus habitantes ... Ellos me han abandonado; han quemado incienso a otros dioses, y con todos sus ídolos han provocado mi furor. Por eso arde mi ira contra este lugar, y no se apagará'. Pero al rey de Judá, que los envió para consultarme, díganle ... 'Como te has conmovido y humillado ante mí ... y has llorado en mi presencia, yo te he escuchado. Yo, el Señor lo afirmo. Por lo tanto, te reuniré con tus antepasados, y serás sepultado en paz. Tus ojos no verán las desgracias que voy a enviar sobre este lugar y sobre sus habitantes' "» (2 Crónicas 34:23-28).

Era demasiado tarde para que Judá escapara del justo juicio de Dios, pero no era demasiado tarde para Josías, el hombre con un corazón espiritual tierno.

Piensen en estas palabras: «Como te has conmovido y humillado ante mí». Josías fue tan sensible al reciente descubrimiento del Libro de la Ley que sus verdades flecharon su alma. Él se humilló y lloró por la tristeza que por tantas décadas su pueblo le había causado a Dios. Se podría haber justificado por su ejemplar liderazgo espiritual. Podría haber maldecido a sus progenitores y al pueblo por la horrible condición del la nación. Pero así Josías no hubiera sido semejante tesoro para Dios.

El tierno corazón del rey significaba tanto para Dios que pospuso el juicio hasta que Josías estuviera descansando en paz en su tumba. La *respuesta sensible de corazón* de Josías al Señor y a su Palabra trajo gozo al Dios del cielo. Judá había sufrido mucho bajo la dirección de líderes duros de corazón, pero Dios finalmente había encontrado un corazón que era tierno y sensible a su toque.

Josías comenzó su extraordinario reinado buscando al Dios de su ancestro más dispuesto espiritualmente, David. Y es este mismo David el que nos da gran revelación de cuánto el Señor valora cierta clase de corazón: «El Señor está cerca de los quebrantados de corazón, y salva a los de espíritu abatido» (Salmos 34:18). Y nuevamente: «El sacrificio que te agrada es un espíritu quebrantado; tú, Oh Dios, no desprecias al corazón quebrantado y arrepentido» (Salmos 51:17).

Josías ofreció un sacrificio mucho mejor que todo lo que se pudiera quemar en el altar del templo, y fue salvo del juicio. Su forma de responder, su profunda sensibilidad a lo que Dios decía y sentía, le hizo uno de los más grandes de todos los que se sentaron en el trono de Jerusalén. A través de su liderazgo, que fluía de su tierno corazón, él impactó tan poderosamente su nación que «mientras Josías vivió, no abandonaron al Señor, Dios de sus antepasados» (2 Crónicas 34:33). Piense esto: por la respuesta del corazón de un hombre sensible, no solo él sino una nación entera recibió bendición y una suspensión temporal del juicio. ¡Vean el efecto que su sencillo y tierno corazón, como el de un niño, tuvo en Dios!

Por la respuesta del corazón de un hombre sensible, no solo él sino una nación entera recibió bendición y una suspensión temporal del juicio.

LLENO DE RELIGIÓN

Ahora adelántense conmigo a través del tiempo a una sinagoga en Israel más de seiscientos años después de que Josías reinó, al día en que los fariseos hicieron su primer complot para destruir a Jesús. En Marcos 3:1-6 se cuenta la historia de Jesús sanando al hombre de la mano seca. Los fariseos miraban con atención. La razón de su cuidadosa observación revela mucho acerca de sus corazones. Su interés no estaba en el hombre que sufría de una disminución física. No les importaba en absoluto. No, ellos observaban a Jesús para ver si sanaba a un hombre que tenía una mano seca y al hacer esto rompía con sus reglas de «trabajar» el día sábado. Teniendo tantas interpretaciones y tradiciones sobre los mandamientos de Dios, los fariseos terminaron dejando a un lado las Escrituras que citaban. Habían endurecido sus corazones contra la Palabra de Dios. Antes que lo sanara, Jesús les preguntó: «¿Qué está permitido en sábado: hacer el bien o hacer el mal, salvar una vida o matar? Pero ellos permanecieron callados» (Marcos 3: 4).

Una pregunta tan simple debería tener una obvia respuesta ¿no? Bueno, no si estás lleno de tradiciones religiosas hasta los ojos. No si tus labios honran a Dios, pero tu corazón está a años luz alejado de su amor y misericordia. Es importante recordar que los fariseos que se negaron a responderle ese día no eran humanistas seculares ni teólogos liberales. De hecho, eran los más pesados fundamentalistas bíblicos de sus días. Los fariseos creían que *todo* el Antiguo

Testamento era inspirado por Dios. Eran los ultraconservadores que creían en ángeles, espíritus y en la resurrección de los muertos. Ellos podían discutir hasta las cuatro de la mañana de que Dios abrió el Mar Rojo y de que Dios le permitió a Elías resucitar al hijo de la viuda.

Los fariseos podían recitar las Escrituras de memoria y aun así no pudieron reconocer al Hijo del Dios viviente, el Mesías de Israel, ¡parado a diez pies de distancia frente a ellos! Estaban llenos de religión, pero no sabían nada de Dios y de su corazón.

Su empecinado silencio originó una dura respuesta de Jesús: «Jesús se les quedó mirando, enojado y entristecido *por la dureza de su corazón...*» (Marcos 3:5). Jesús no se enojaba muy seguido, pero esta vez lo hizo. Lo que lo enervó fue la *dureza de corazón* que vio en los líderes religiosos de Israel. Se burlaban del servicio a Dios y mantenían a su pueblo fuera del reino antes de guiarlos a él. Ese día en la sinagoga, los «tullidos» eran ellos. El pobre hombre tenía un problema en su mano, pero los líderes religiosos ¡sufrían de corazones marchitos! Jesús no solamente estaba enojado, estaba afligido. Qué triste cuando los «religiosos» se vuelven duros en su corazón por años de tradicionalismo y cultos mecanizados.

¿Qué tiene que ver esto con usted y conmigo? ¡Todo! Debemos descubrir rápidamente si tenemos una mera religión o una experiencia real con Jesús, si lo que tenemos es la observación externa de las formas religiosas o un corazón que late en la sintonía de Dios. Podemos ir a la iglesia todos los domingos y citar la Biblia, pero así y todo no tener ni una pista de lo que es importante para Dios. Podemos más fácilmente llegar a ser bautistas, carismáticos o presbiterianos evangélicos, que llegar a ser seguidores del Salvador con un corazón tierno y llenos del Espíritu. Conozco un montón de personas que saben más de las tradiciones denominacionales de lo que conocen de Dios. Eso es un peligro para todos nosotros.

Nunca debemos olvidar que fueron religiosos con corazones duros los que llevaron a Jesús a la cruz. En vez de regocijarse después que Jesús sanó la mano del hombre, «los fariseos, comenzaron a tramar con los herodianos cómo matar a Jesús» (Marcos 3:6).

Estaban muy ocupados planeando la muerte de Jesucristo para siquiera pensar en regocijarse por lo que Dios había hecho. Si esto no hace que nos examinemos, no sé qué lo podrá hacer.

¿Cuántas iglesias hoy en día se asemejan a esa sinagoga donde Jesús enseñó?

Cuántas iglesias hoy en día se asemejan a esa sinagoga donde Jesús enseñó, llenas de juicio y condenación pero con poca manifestación del corazón tierno de Dios. Donde las personas conocen las Escrituras pero no tienen sensibilidad para la compasión y el amor divino. Donde se siguen las tradiciones escrupulosamente pero se les presta poca atención a los heridos entre ellos. Los fariseos de los días de Jesús estaban enojados por la idea de la violación del sábado, pero luego planearon la destrucción del Mesías de Israel en el mismo día. ¡Qué ciegos nos pueden volver las tradiciones! ¡Cuán duro pude tornarse el corazón humano aun cuando es religioso hasta la médula!

Ahora podemos entender mejor por qué Jehová estaba deleitado por el corazón tierno y las lágrimas del rey Josías. Estaba anticipando los terribles días por venir cuando su Hijo sería rechazado por los corazones religiosos duros como piedras. Los fariseos tenían las Escrituras dadas por Dios a través de Moisés, pero las mismas no les hicieron ningún bien a los líderes religiosos. En contraste, el rey Josías descubrió la Palabra de Dios y llevó cada palabra de ella a su corazón.

Sigamos el ejemplo de Josías para que continuamente ofrezcamos el sacrificio de un corazón quebrantado, contrito y tierno para Dios. Esto es lo que el Señor más desea, más que la observación de los ritos y tradiciones religiosas. Esta sensible ternura hacia él no solo trae gozo a su corazón, sino que nos prepara para ser una gran bendición a otros que necesitan su amor. Al igual que Josías hizo que una nación entera se volviera a Dios, encontraremos que nuestra ternura de corazón nos guiará a nuevas y maravillosas experiencias con Dios. «Así enseñaré a los transgresores tus caminos, y los pecadores se volverán a ti» (Salmos 51:13).

Señor, arranca las capas de dureza y tradicionalismo religioso que hemos acumulado a través de los años. Haznos como niños que tienen un corazón tierno y dócil. Danos una nueva sensibilidad hacia tu Palabra y una apertura a tu voluntad para nuestra vida. En el nombre de Cristo, Amén.

SEIS

LA ÚLTIMA
MEDIA HORA

Cuando mi esposa y yo llegamos al Tabernáculo de Brooklyn en el año 1972, era una
pequeña iglesia con luchas [he escrito sobre estos
desafíos en mi primer libro, *Viento fresco, fuego
fresco*]. Solo un puñado de personas asistía. En la
cuenta de la iglesia había menos de diez dólares,
un ujier había estado robando de las ofrendas
durante meses. El abandono del edificio situado
en la avenida Atlántico era deprimente, por
dentro y por fuera. El pequeño santuario tenía las
bancas rotas. Los cielos rasos del santuario
estaban hundidos y un domingo se terminaron
de derrumbar al finalizar el culto. El vecindario
estaba lleno de pobreza y drogas. Las prostitutas
hacían sus tratos a menos de dos cuadras. No
había mucho para animarse.

Desde que nació, Carol fue predicadora de niños y un excelente músico por regalo de Dios, por lo que ya tenía una ventaja en el ministerio. Para mí fue más difícil encontrar un lugar. Los comienzos en Brooklyn fueron lentos y difíciles, pero finalmente empecé a ver una luz al final del camino. Mientras estudiaba la Biblia y pasaba tiempo en oración, estaba seguro de que Dios nos había llamado al ministerio y soberanamente nos había puesto justo en el lugar donde estábamos.

A pesar de lo insuperables que parecían los desafíos, Dios tenía planes para nosotros en esa iglesia y en la comunidad.

Gradualmente, mientras buscaba del Señor, un sinnúmero de promesas de su Palabra cobraron vida. A medida que empecé a descansar en ellas en oración, Dios disipó de mi corazón el sentimiento de estar abrumado. El Espíritu Santo me estaba ayudando a entender las verdades de las Escrituras, lo que me daba fe para confiar en el Señor. A pesar de la desolación que nos rodeaba y de lo insuperables que parecían los desafíos, Dios tenía planes para nosotros en esa iglesia y en la comunidad. ¿Para qué nos había puesto en el centro de Brooklyn sino para usarnos para alcanzar a otros y llevar gloria a Su nombre? No teníamos que tratar simplemente de sobrevivir. ¿Por qué no podía el Señor mostrarse poderosamente en nuestra situación, tal como los hizo en el libro de los Hechos? Por ejemplo:

«Así, pues, los que recibieron su mensaje fueron bautizados, y aquel día se unieron a la iglesia unas tres mil personas» (Hechos 2:41).

«No dejaban de reunirse en el templo ni un solo día. De casa en casa partían el pan y compartían la comida con alegría y generosidad, alabando a Dios y disfrutando de la estimación general del pueblo. Y cada día el Señor añadía al grupo los que iban siendo salvos» (Hechos 2:46-47).

«Los que se habían dispersado a causa de la persecución que se desató por el caso de Esteban llegaron hasta Fenicia, Chipre y Antioquía ... El poder del Señor estaba con ellos, y un gran número creyó y se convirtió al Señor» (Hechos 11: 19-21).

ORAR ES VITAL

Incluso empecé a darme cuenta más y más de que la oración era la llave. Después de todo, Dios era el único que podía tomar a una persona inexperta y sin ningún entrenamiento como yo y hacerle un ministro efectivo. ¿Quién otro sino el Señor podría ayudarnos a Carol y a mí a ver los incrédulos transformados por la predicación del evangelio en el poder del Espíritu? Un domingo, con todas estas convicciones en mi mente, invité a todo aquel que estaba dispuesto a unírseme a una reunión especial de oración el siguiente martes a media mañana.

Cuando llegó el día, un grupo de seis o siete se reunieron conmigo en la sala del segundo piso de la iglesia. Nos arrodillamos y comenzamos a derramar nuestro corazón delante de Dios. Algunos dirigieron la oración, y yo le rogaba a Dios que me ayudara a vencer todos los pensamientos negativos que frecuentemente atacaban mi mente. Tuvimos realmente una victoria esa mañana mientras orábamos. Dios había elevado nuestro corazón y *sabíamos* que las cosas pronto iban a cambiar. Me levanté de mis rodillas con una fresca inspiración y un fuerte deseo de servir al Señor.

Después que todos se fueron, estaba solo en mi «oficina» (¡medía siete por siete pies!). El teléfono sonó de inmediato, lo que no era muy usual. No necesitaba una telefonista en ese tiempo porque nadie llamaba a la pequeña iglesia con grandes problemas. Dije: «Hola», y antes que pudiera decir: «¿Quién habla, por favor?», oí la aguda voz de una mujer. Fue una andanada desde el primer momento, yo no sabía quién era ni por qué llamaba.

—¡Escúchame pequeño diablillo blanco! —exclamó—. ¿A quién crees que están engañando? Tú y tu fea cara blanca con todos esos negros y puertorriqueños. Traté de interrumpirla, pero estaba embalada. Lentamente me senté detrás de mi escritorio.

—Te conozco, ¿entiendes? No eres más que un diablo como el resto de ellos.

—Pero, pero, pero... espere —tartamudeaba—, tratando de decir algo que la detuviera.

—Cállate, loco. Eres un hazmerreír; tu iglesia es un hazmerreír, ¿lo entiendes?.

—¡Pero yo no soy así! —grité.

—Dije que te callaras, ¿no? Soy yo la que está haciendo esta llamada, y yo sé que no eres nada más que un falso diablo blanco.

Ella siguió y siguió y siguió. Me puse de pie como protestando, pero finalmente desistí de tratar de hablar. Sentía que mi corazón era molido. Las lágrimas brotaron en mis ojos.

—Entonces, recuerda —continuó—, ¡sé lo que realmente eres! ¿Lo entiendes? ¡Eres un bueno para nada diablo blanco! Esta bien, me tengo que ir ahora. ¡Dios te bendiga!

¡Luego colgó!

No recuerdo cuánto tiempo seguí con el auricular en la oreja. Estaba atontado y emocionalmente desbastado. ¡Nunca me dejó decir nada en mi defensa o explicar algo!

Crecí rodeado de prejuicios contra las minorías y fui testigo de algunos ejemplos horribles de esto en el colegio y la preparatoria. Pero jugar baloncesto en los parques públicos me enseñó mucho, aun más que todo lo que aprendí o vi en la iglesia. Aprendí que todas las personas son iguales por dentro, que las diferencias exteriores de color son irrelevantes cuando uno descubre quiénes son realmente. Sabía que en algunas áreas de mi vida no era semejante a Cristo, pero el enojo de esa mujer, sus acusaciones racistas, me hirieron y frustraron porque eran falsas.

Finalmente me tiré sobre la silla donde exploté en lágrimas mientras mi cabeza caía sobre el escritorio. Mi mente corría, llena de preguntas. *¿De qué se trataba esa llamada? ¿Qué*

había hecho para merecer semejante ataque?
¿Quién era ella? ¿Asistía a la iglesia? No, eso no
podía ser, ¡nadie visitaba nuestra iglesia! ¡Éramos
afortunados si los pocos miembros asistían!

De repente me di cuenta. *¡Espera un minuto!*
Habíamos estado clamando a Dios en oración.
¿Era esta una especie de respuesta? Si así lo era
mejor era que dejara de orar inmediatamente. ¡No
necesitaba más respuestas como esa!

PERSISTIENDO EN LAS PROMESAS DE DIOS

Fui a Dios en oración porque creía que él iba a cambiar nuestra triste situación. Había creído en sus promesas de que él enviaría misericordia y gracia para «que nos ayude en el momento que más la necesitamos» (Hebreos 4:16). Pero ahora me preguntaba: «*¿Dónde está su misericordia y gracia?, ¿cómo iban a cambiar las cosas si gente loca como esta mujer comenzaban a llamarme?*»

Una batalla dentro de mí había comenzado. Las líneas espirituales estaban trazadas. Tenía que escoger entre lo que yo sabía en mi corazón que Dios había prometido hacer y las situaciones negativas que veía con mis ojos y sentía en mi corazón cada día. Este esfuerzo de luchar por lo que Dios ha prometido antes de rendirme a lo que se ve y siente ha continuado a través de todos

los años que he servido al Señor junto a Carol en
el Tabernáculo de Brooklyn. Dios continuamente
nos ha guiado para que confiemos en él para
cosas mayores, pero hay una tensión siempre
presente entre la grandeza de sus promesas y las
situaciones que enfrentamos cada día después de
orar y que parecen no cambiar.

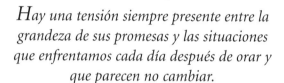

*Hay una tensión siempre presente entre la
grandeza de sus promesas y las situaciones
que enfrentamos cada día después de orar y
que parecen no cambiar.*

Este problema no es algo que nos sucede a
Carol y a mí en forma peculiar. A través de la
historia hombres y mujeres que confiaron en el
Señor tuvieron que aprender la importancia de la
«última media hora». Es una de las lecciones que
podemos aprender de un pasaje fascinante en
Isaías. Aunque este capítulo profético trata
básicamente de la promesa del Mesías, contiene
un secreto espiritual que necesitamos entender
hoy.

Notemos la promesa en Isaías 49:8: «Así dice
el Señor: En el momento propicio te respondí, y
en el día de salvación te ayudé». ¿No es esta una

hermosa promesa? Sin ambigüedades, Dios afirma el hecho de que él *responderá* y *ayudará* a su pueblo. Pero notemos con mucho cuidado el tiempo para su ayuda y respuestas: «En el momento propicio ... en el día de salvación». Dios tiene un tiempo designado cuando sus promesas se cumplirán y las oraciones serán contestadas. Es el «día» o momento que él sabe que es el mejor para que la ayuda llegue y la liberación tenga lugar. Su respuesta es *absolutamente segura* para aquellos que creen en él, pero no *está lista*.

Aquí reside la batalla de la fe, asirse y seguir creyendo a Dios sin importar lo que nuestros sentidos naturales nos dicen. Nuestro desafío es *esperar en fe* para el día del favor y la salvación de nuestro Dios.

¿Cuántas veces hemos luchado con esta misma contradicción? Estamos inspirados al máximo por las promesas de Dios, o escuchamos un sermón centrado en una necesidad en nuestra vida. Conocemos los textos que cuentan la fidelidad del Señor a innumerables generaciones. Oramos con todo nuestro corazón y permanecemos firmes en su Palabra. Luego... nada, absolutamente nada parece cambiar. Ninguna provisión de milagros se produce en veinticuatro horas, ningún cambio dramático ocurre en nuestra difícil situación familiar. De hecho, ¡a veces nuestras circunstancias parecen *empeorar*! El niño caprichoso por el que intercedimos y clamamos a Cristo, se vuelve más, no menos, rebelde. Las finanzas no mejoran y nuevas cuentas siguen llegando, o nos echan de nuestros trabajos.

Dios conoce nuestra tendencia a dejar todo durante estos tiempos en los que los cielos parecen estar en silencio. «Pero Sión dijo: "El Señor me ha abandonado; el Señor se ha olvidado de mí" (Isaías 49:14). Porque el pueblo de Dios en los tiempos de Isaías no vio el cumplimiento de las promesas divinas, se sintió abandonado. «¿Dónde está Dios en todo esto?», se preguntaba. «¿Serán sus promesas verdad? Él se debe haber olvidado de nosotros o nos ha abandonado por nuestros pecados». Dios siempre se aflige cuando su pueblo deja de confiar en él, e inmediatamente responde: «¿Puede una madre olvidar a su niño de pecho, y dejar de amar al hijo que ha dado a luz? Aun cuando ella lo olvidara, ¡yo no te olvidaré! Grabada te llevo en las palmas de mis manos; tus muros siempre los tengo presentes» (Isaías 49: 15-16).

¿Puede una madre normal olvidar o perder su interés en los niños que ha criado, los hijos que dio a luz? ¿No estará siempre su corazón ligado a la descendencia de su cuerpo? ¿Cuánto más nuestro amoroso Padre nos ama a usted y a mí? Después de entregar a su Hijo en el Calvario como sacrifico por *nuestros* pecados, ¿ahora Dios nos va a abandonar? ¿Dejará que sus amados hijos caigan en alguna especie de «agujero negro»? ¿Es posible concebir que él se olvidará de nosotros cuando el Cordero de Dios está sentado en los cielos con esas marcas de clavos aún en sus manos?

Cualquier cosa que las palabras de Isaías significaran para la gente de ese tiempo, deberíamos gritar de gozo cuando leemos: «Grabada te llevo en las palmas de mis manos». ¡En el Calvario se realizó! ¡El Cristo resucitado apareció a sus discípulos con las heridas aún en sus manos! No importa cuántas dificultades debamos enfrentar o cuán mal parece que nos va en la vida, debemos aferrarnos a las inmutables promesas de Dios que han confortado a millones a través de los tiempos: «¡yo no te olvidaré!» Necesitamos no desfallecer por lo que «vemos» o distraernos por cómo nos sentimos emocionalmente. Esta verdad está afirmada en los cielos: «¡yo no te olvidaré!» ¡Y Dios puede hacer cualquier cosa menos mentir!

ESPERAR NO ES FÁCIL

Esta seguridad y fidelidad concerniente a Dios expresada en Isaías 49 es un gran aliento a nuestra fe, pero el elemento más difícil de la fe es esperar porque el «tiempo propicio» se produzca, ¿no es así? Es durante la espera que el desaliento nos invade. Es también el tiempo cuando Satanás difama a Dios y nos presenta poderosas tentaciones. Hay peligro cuando dejamos de mirar las promesas y quién las hizo. Nos solemos entregar al pánico y a la urgencia de tomar el asunto en nuestras débiles manos. El brillo de la fe refrescante se muere a medida que los días, semanas, meses y a veces años pasan sin ver nuestras oraciones contestadas. «*¿Cambiarán algún día las cosas?*», nos preguntamos. «*¿Vale la pena seguir creyendo?*».

Estas son preguntas que todos los verdaderos seguidores de Dios se han hecho alguna vez en su vida. Es por eso que una de mis porciones favoritas de las Escrituras es otra parte de la profecía de Isaías:

«¿Por qué murmuras, Jacob? ¿Por qué refunfuñas, Israel: "Mi camino está escondido del Señor; mi Dios ignora mi derecho?" ¿Acaso no lo sabes? ¿Acaso no te has enterado? El Señor es el Dios eterno, creador de los confines de la tierra. No se cansa ni se fatiga, y su inteligencia es insondable» (Isaías 40:27-28).

Nuestras situaciones difíciles no están ocultas de Dios, ni hemos sido dejados a un lado porque aún no vemos la respuesta. Además, no debemos entregarnos a la incredulidad porque Dios da «poder al débil».

Él fortalece al cansado y acrecienta las fuerzas del débil. Aun los jóvenes se cansan, se fatigan, y los muchachos tropiezan y caen; pero *los que confían en el Señor* renovarán *sus* fuerzas: volarán como las águilas; correrán y no se fatigarán, caminarán y no se cansarán (Isaías 40:29-31).

El secreto es tener un corazón que espera en el Señor, que permanece esperando en fe y alegre expectación las cosas que él ha prometido.

---

*El secreto es tener un corazón
que espera en el Señor.*

El desafío delante nuestro es tener fe en Dios, y la parte más difícil de la fe es la *espera*. Y la parte más difícil de esperar es la última media hora. Empezamos creyendo y orando, pero debemos ir más lejos esperando hasta ese momento prometido cuando Dios nos visitará con gracia y poder. Qué tragedia es cuando nos rendimos estando cerca de la meta, ese «tiempo propicio» y «día de salvación» cuando Dios responderá como prometió.

Jesús estableció como primer principio: «Se hará con ustedes conforme a su fe» (Mateo 9:29). Pero para recibir la bendición que necesitamos, debemos creer y seguir creyendo, esperar y seguir esperando. Necesitamos *esperar* en oración, *esperar* con nuestras Biblias abiertas mientras confesamos sus promesas, *esperar* en gozosa alabanza y adoración al Dios que nunca olvidará nuestra causa, y *esperar* mientras servimos a otros en su nombre. ¡David nos da tanto aliento para que sigamos esperando en fe! Escuchen:

> «Quien en ti pone su esperanza jamás será avergonzado ... Tú eres mi Dios y Salvador; ¡en ti pongo mi esperanza todo el día!» (Salmos 25:3-5).

«Pon tu esperanza en el Señor; ten valor, cobra ánimo; ¡pon tu esperanza en el Señor!» (Salmos 27:14).

«Puse en el Señor toda mi esperanza; él se inclinó a mí, y escuchó mi clamor» (Salmos 40:1).

La mayoría de nosotros sabemos que «sin fe es imposible agradar a Dios» (Hebreos 11:6), aun así muchos de nosotros no nos damos cuenta de que eso es verdad en lo concerniente a la espera en el Señor. Tener fe y esperar en el Señor son parte del mismo paquete. Conozco esta verdad desde hace muchos años, pero siempre estoy descubriendo nuevas lecciones. Soy bendecido una y otra vez cuando veo a Dios desarrollar sus planes mientras su pueblo espera en fe con su corazón abierto para recibir de él.

LECCIONES EN LA ESCUELA DE LA FE

Mientras escribo este libro, por ejemplo, el Tabernáculo de Brooklyn enfrenta un nuevo desafío que nos fuerza a confiar en Dios en una dimensión más grande. Como pastor principal he tenido que tomar lecciones avanzadas en la «escuela de la fe» y motivados por el impulso de

Dios y por cuatro servicios colmados cada domingo, el liderazgo de la congregación comenzó a buscar un nuevo lugar para la iglesia. Después de mucha oración y diligente búsqueda, encontramos un teatro con cuatro mil asientos construido en 1918 y que está en el corazón de Brooklyn. Lo compramos, junto con dos edificios a los que está conectado (no teníamos dinero al comenzar las negociaciones). Dios proveyó en formas increíbles, pero la compra nos llevó a aguas más profundas. El alcance de la renovación fue tremendo e implicaba complicadas y costosas reestructuraciones para satisfacer nuestras necesidades como iglesia. Para colmo todos los edificios estaban deteriorados. Magníficos trabajos de yeso en los enormes cielos rasos habían sido destruidos por el agua. Entre los costos de construcción de la ciudad de Nueva York, los derechos de arquitectura, los sistemas mecánicos, fachadas, techos y muchos otros detalles, el presupuesto de la remodelación ¡necesitaba millones de dólares! Era una enorme suma de dinero para cualquier organización pero especialmente para una iglesia del interior de la ciudad.

Aunque la situación no se veía favorable, el Señor siguió ayudándonos. Grandes e inesperados regalos llegaron junto con los aportes habituales de la congregación y de los amigos alrededor de todo el país. Una organización cristiana se acercó y nos ofreció un préstamo de dinero. Después de buscar la dirección de Dios, aceptamos el préstamo para que la construcción procediera lo más rápido posible. Después de todo la nueva construcción nos daría la posibilidad de alcanzar a doce mil personas con solo tres reuniones los domingos. Nos proveería de mayor espacio para las actividades de los niños, los jóvenes, clases de discipulado, y para esfuerzos evangelísticos mayores. Los planos se completaron y se presentaron en el departamento de construcciones de la ciudad para que el largo proceso de renovación comenzara. El primer trabajo a realizar era una gran demolición para remover los sistemas viejos y el mobiliario.

AGOBIADO POR EL TEMOR

Mientras terminaba la tarea de demolición, fui con Carol y un pequeño equipo misionero del Tabernáculo de Brooklyn a América del Sur. Allí ministramos a cientos de pastores, algunos de los cuales vivían en condiciones de pobreza y habían viajado largas distancias para estar con nosotros. Entregamos centenares de ejemplares de mi libro en español. Aun cuando parece extraño que una iglesia que no sabía como completar el nuevo proyecto de construcción estaba gastando miles de dólares en un trabajo misionero, pagamos todos los gastos del viaje e inclusive ayudamos con los alimentos para los pastores que asistieron a la conferencia.

Justo antes de salir para este viaje recibí un llamado de la organización que nos había prestado el dinero. Un oficial señaló que habían revisado cuidadosamente los costos de la «fase uno». Aun con su préstamo, me informó, harían falta unos seis millones de dólares. Me preguntó cómo pensábamos conseguir esa cantidad y poder terminar el trabajo para comenzar los servicios en el nuevo lugar. No tenía respuesta, pero le recordé que cuando ellos se acercaron y nos ofrecieron ayuda, dejamos bien claro que estábamos caminando por fe. Le aseguré que continuaríamos orando como iglesia y creyendo en Dios para los fondos que necesitábamos.

Mientras estaba en Sur América, la cifra de los seis millones de dólares empezó a preocuparme. *«¿De dónde obtendríamos esa cantidad de dinero?»*, pensaba. *«No puede venir solo de nuestra congregación. No tenemos esa base económica»*. Luego las temibles preguntas llegaron. *«¿Qué sucederá si no nos alcanza el dinero y* debemos parar la obra? ¿Qué estoy haciendo para recaudar ese dinero? ¿Qué debería estar haciendo?».

Sé de dos formas de levantar grandes sumas de dinero: orar y dar. Jesús dijo: «Pidan y se les dará» (Mateo 7:7). El Señor ha prometido responder cuando traemos nuestras necesidades delante de Él. Jesús también prometió: «Den y se les dará» (Lucas 6:38). Entonces reflexioné sobre nuestra situación. Le recordé al Señor que como iglesia habíamos estado orando en forma regular y ferviente acerca de este proyecto. Estábamos dando fielmente a diversas causas del reino, incluida nuestra visita misionera a Sur América. Así y todo, la llamada telefónica y los seis millones de dólares pesaban mucho en mi mente y corazón.

Una tarde salí a caminar para orar. En vez de concentrarme en Dios, empecé a pensar en todas las cartas que debería estar escribiendo para pedir ayuda. Una llamada telefónica a alguien con mucho dinero sería la respuesta. ¿Conocía a alguien con esa cantidad de dinero? Mientras pensaba sentí a Dios hablándome al corazón. «Déjamelo a mí», parecía decirme. «No te preocupes. Cree solamente, ora, y espera». Cada vez que era tentado a ponerme ansioso, sentía el mismo mensaje: «Espera en mí. No trates de resolverlo por ti mismo. Solo espera». Comencé nuevamente a descansar en el Señor.

Cada vez que era tentado a ponerme ansioso, sentía el mismo mensaje: «Espera en mí. No trates de resolverlo por ti mismo. Solo espera».

MARAVILLOSAS SORPRESAS

Después de nueve días volamos de vuelta a la ciudad de Nueva York en viaje de diez horas desde Buenos Aires. Descansé unas horas en mi casa, luego fui a la iglesia. Mi escritorio estaba lleno de cartas, faxes y mensajes telefónicos. Empecé a trabajar en el montón de papeles a la tarde y para la noche las cosas se pusieron interesantes.

Abrí dos cartas en el espacio de diez minutos que hicieron saltar mi corazón de gozo. Una era de un hombre de la parte oeste-central con el que me había cruzado una o dos veces. No lo hubiera reconocido ese día si hubiera entrado a mi oficina. Pero su nota decía que Dios le había guiado a dar un millón de dólares para el nuevo proyecto. La segunda carta era de un grupo de personas a las que nunca había conocido. Me informaban que ellos nos iban a dar ¡cinco millones de dólares!

Ambos regalos no fueron solicitados. Los regalos totalizaban exactamente seis millones de dólares, ¡el mismo monto con el que había estado luchando! Obviamente el Señor no se había olvidado de nosotros mientras estábamos ocupados en su obra en América del Sur. Ni se había olvidado al resto de la congregación orando en casa.

El «tiempo propicio» de Dios había llegado; nos ayudó tal como lo prometió. Aprendimos también otra valiosa lección: cuando el pueblo de Dios cree y ora, el Señor *proveerá*, pero debemos aprender a esperar en él con fidelidad y obediencia de corazón hasta que la respuesta llegue. Esta fue una lección muy necesaria porque aún tenemos muchos desafíos financieros por delante para completar el proyecto.

¿Qué lección de fe Dios desea enseñarle a usted o a la iglesia en que sirve? ¿Está hoy dispuesto a confiar en él a través de los problemas y tristezas que está enfrentando? Recuerde, él no le ha (no puede) abandonado ni olvidado, no importa cuán desesperanzadoras las cosas se vean. Él está esperando que ponga sus problemas ... dudas ... dolores ... y desafíos en sus manos en completa confianza.

No lo olvide: ¡Él obra en aquellos que esperan!

Mientras descansa en el Señor, puede estar seguro de que: «el Señor los espera, para tenerles piedad; por eso se levanta para mostrarles compasión. Porque el Señor es un Dios de Justicia. ¡Dichosos todos los que en él esperan!» (Isaías 30:18).

Padre Celestial, te alabamos por toda la gracia y misericordia que nos mostraste en el pasado. Enséñanos a orar más y a confiar en ti con todo nuestro corazón. Danos la clase de fe que esperará pacientemente por el cumplimiento de tus promesas. Ayúdanos a humillarnos delante de ti y a escuchar atentamente tu Palabra. Haznos personas santas y compasivas para que los demás puedan ver a Jesús en nuestra vida. Queremos que nuestro corazón sea tu hogar especial. En el nombre de Cristo, Amén.

DISFRUTE DE OTRAS PUBLICACIONES DE EDITORIAL VIDA

Desde 1946, Editorial Vida es fiel amiga del pueblo hispano a través de la mejor literatura evangélica. Editorial Vida publica libros prácticos y de sólidas doctrinas que enriquecen el caudal de conocimiento de sus lectores.

Nuestras Biblias de Estudio poseen características que ayudan al lector a crecer en el conocimiento de las Sagradas Escrituras y a comprenderlas mejor. Vida Nueva es el más completo y actualizado plan de estudio de Escuela Dominical y el mejor recurso educativo en español. Además, nuestra serie de grabaciones de alabanzas y adoración, Vida Music renueva su espíritu y llena su alma de gratitud a Dios.

En las siguientes páginas se describen otras excelentes publicaciones producidas especialmente para usted. Adquiera productos de Editorial Vida en su librería cristiana más cercana.

DEDICADOS A LA EXCELENCIA

Una vida con propósito

Rick Warren, reconocido autor de *Una Iglesia con Propósito*, plantea ahora un nuevo reto al creyente que quiere alcanzar una vida victoriosa. La obra enfoca la edificación del individuo como parte integral del proceso formador del cuerpo de Cristo. Cada ser humano tiene algo que le inspira, motiva o impulsa a actuar a través de su existencia. Y eso es lo que usted podrá descubrir cuando lea las páginas de *Una vida con propósito*.

0-8297-3786-3

Liderazgo Audaz

Esta obra capta la experiencia de más de treinta años de ministerio del reconocido pastor Bill Hybels, que plantea la importancia estratégica de los dones espirituales del líder. *Liderazgo Audaz* le ofrece al líder de la iglesia local conceptos valiosos como son: convertir la visión en acción, cómo alcanzar a la comunidad, el líder que da lo mejor de sí, cómo descubrir y desarrollar un estilo de liderazgo propio y mucho más.

0-8297-3767-7

Liderazgo Eficaz

Liderazgo eficaz es la herramienta que todo creyente debe estudiar para enriquecer su función dirigente en el cuerpo de Cristo y en cualquier otra área a la que el Señor lo guíe. Nos muestra también la influencia que ejerce cada persona en su entorno y cómo debemos aprovechar nuestros recursos para influir de manera correcta en las vidas que nos rodean.

0-8297-3626-3

Si quieres caminar sobre las aguas, tienes que salir de la barca

Cristo caminó sobre las aguas con éxito, si quieres hacerlo solo hay un requisito: *Si quieres caminar sobre las aguas, tienes que salir de la barca.* Hoy Jesús te extiende una invitación a enfrentar tus temores, descubrir el llamado de Dios para tu vida y experimentar su poder.

0-8297-3536-4

La iglesia que Dios bendice

Esta obra enseña que la iglesia no puede ser menos de lo que Dios quiere que sea. Para ello, el pastor Cymbala comparte sus experiencias, algunas muy dolorosas, acerca de cómo levantar una iglesia que Dios bendice. No se trata de una que nunca cometa errores o que no tenga problemas, sino que experimente cada día el poder de la presencia de Dios. *La iglesia que Dios bendice* le hará ver su congregación desde una perspectiva renovada.

0-8297-3658-1

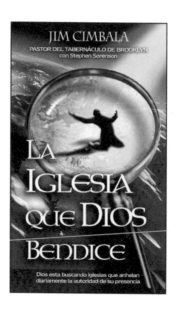

Santa Biblia RVR60
Vida Victoriosa

Esta clásica versión Reina Valera 1960 contiene un bosquejo y una reseña histórica en la introducción de cada libro para ayudarle a entender el contexto del mismo. Incluye además las palabras de Dios para usted marcadas en gris y una serie de artículos de edificación e inspiración escritos por diferentes líderes que Dios está usando, desarrollando cada uno un tema que lo hará reflexionar y lo preparará para ganar la batalla.

0-8297-3451-1

Biblia Devocinal
JUVENIL

Ideal para todo joven que busca respuestas a inquietudes importantes con las que lucha en su diario vivir.

Contiene más de trescientos devocionales inspiradores apropiados para el joven de hoy. En cada uno de ellos observarás las siguientes secciones:

• Búscalo • Piénsalo • Practícalo • Reafírmalo

ISBN 0 - 8 2 9 7 - 3 1 9 4 - 6

Biblia de Estudio NVI

La primera Biblia de estudio creada por un grupo de biblistas y traductores latinoamericanos. Con el uso del texto de la Nueva Versión Internacional, esta Biblia será fácil de leer además de ser una tremenda herramienta para el estudio personal o en grupo. Compre esta Biblia y reciba gratis una copia de ¡Fidelidad! ¡Integridad!, una guía que le ayudará a aprovechar mejor su tiempo de estudio.

ISBN: 0-8297-2401-X

Nos agradaría recibir noticias suyas.
Por favor, envíe sus comentarios sobre este libro
a la dirección que aparece a continuación.
Muchas gracias.

Editorial Vida
7500 NW 25 Street, Suite 239
Miami, Florida 33122

Vidapub.sales@zondervan.com
http://www.editorialvida.com